Easy EQ

開運秘法大公開

開運去煞引喜氣，
催旺改名掌未來，
告訴你天機，
也告訴你妙法。

龍琳居士◎著

自序—獻給想讓自己更好的人

自從開館與提筆寫書次來，本書是第十一本的著作，一貫的作風是儘量以最實用的方式來呈現，讓有緣的讀者得到眞正的秘訣加以運用，避免吸收了沒有用的僞訣理論，浪費寶貴的光陰。

與這麼多本的著作互相比較，本書耗費了最多的時間與精神，主要的原因是本書許多的開運秘法原本是十分深奧，而筆者費盡思量將之口語化，而且以最容易的方式來表達，即使您沒有基礎，也可以完全掌握，進而自己運用，開創契機。

本書洩漏了相當多的天機，尤其是教您自己製作開運印鑑的秘訣，鉅細靡遺地公開了，這方面的著作坊間非常少見，敘述這麼完整可以讓您ＤＩＹ的，應該是絕無僅有，而其他的開運方法如「催旺文昌開福運」、「去除晦氣開福運」、「安居化煞寶瓶」等等，都是相當實際、簡單，不是遙不可及、無法運用的艱澀理論。

撰寫本著作時，一直不敢或忘的是恩師玉龍居士　廖昱程先生，恩師的諄諄教誨，熱心指導，毫不保留地傳授各種秘訣，使筆者的能力漸增長，要不是有幸得遇明師的話，現在筆者也不知在哪裏，藉由本書，向恩師致上十二萬分的謝忱。

受限於篇幅，還有相當多的開運秘法，包括「催旺異性緣的秘訣」、「消業障的法門」、「入宅催發自己來」等等，將在以後的著作中呈現給讀者，教請期待，或利用書後的讀書服務卡讓筆者通知您，附帶提到有相當多的讀者反應在書店常找不到筆者全部的書，這是銷售之後來不及補貨上架的緣故，請向書局指名訂購，或直接向紅螞蟻圖書有限公司訂講（見本書最後一頁）亦可，由於知青頻道是一間相當好的出版社，所以筆者的著作多在該公司發行，書名如下：

怎樣製作開運名片
陽宅秘訣三日通
擇日催發自己來
命名改名開福運
陽宅秘訣大公開
命名高手
陽宅佈局開福運

命名開運一日通

開運秘法大公開

這些都是筆者嘔心瀝血之作，願能得到您的青睞，並期待您的指導與建議。

祝福您

事事順心

吉祥如意

鴻圖大展

財源廣進

龍琳居士　陳詮龍謹上

目錄

第一篇

催旺文昌開福運

催旺文昌開福運

一聽到文昌，很多人會認為這個方法對自己並沒有作用，因為自己已經投入社會，好久沒碰書本了，所以自己也不用催文昌，但在下結論之前，請看左列的實例：

㈠代書業、記帳業、報關行、室內設計師、會計師等經常拿筆的行業，在公司或事務所的文昌位催旺、增加業務。

㈡父母親希望小孩學業突飛猛進，在小孩書房或臥房催發文昌位。

㈢準備進軍公職或參加國家考試的考生，催旺文昌位，求取金榜題名。

㈣員工將催文昌的方法告訴老闆，提昇公司業績，讓自己的工作更為穩固，裁員便與自己無關，升級捨我其誰。

㈤補習班的班主任將催文昌的方法教學生家長，成為經營上的一大特色，家長信賴口碑絕佳。

㈥接待中心的陽宅必須在短時間迅速提昇能量，為讓業務順利，立刻催發文昌，並製作公司的開運印鑑（大小章）成為鎮殿之寶。

(七)學校校長室的陽宅好壞，除了影響校長運程之外，更與整個學校的能量息息相關，催旺文昌實在是必須的工作。

(八)公務人員的業務大多和文書有關，一切順利，下屬與上級陞遷有望，文昌位的催旺關係著自己的未來。

(九)為人師表總希望自己的學生個個優秀，在教室或辦公室催文昌便有直接效果，將這個方法告訴家長，必定得到擁戴。

(十)業務代表敎客戶、得到客戶信賴，不僅幫客戶開運，還幫自己開運。

(土)競選總部是選戰的樞紐所在，催旺文昌位，對選票的獲得與總部宅能量的提昇，都有莫大助益。

文昌位對您沒有用嗎？學會本篇，您將多一項特殊的技能。

以陽宅而言，文昌位有「宅文昌」、「個人文昌」、「流年文昌」、「流月文昌」、「流日文昌」、「流時文昌」等等，本篇所要介紹的是非常好記又好用，對每個人都有幫助的「流年文昌位」。

尋找的方法非常容易，但要先準備指北針或羅盤，步驟如下：

一、範圍：以辦公室、主管室、書房、臥房所在的區域爲之。

二、以量尺取得周邊尺寸，能轉繪到圖面更佳。

三、以數學的方式取得該區域的中心點。

四、以不吸磁的塑膠、木頭等，將羅盤或磁針墊高，並定位於現場中心點之上，若有八方太極定規更佳。

五、由磁針即可測得八個方位所在之區域，定位工作於焉完成。

「流年文昌」望文生義，即是每年文昌星所到臨之卦位，若是能夠加以催旺的話，將使得整個陽宅在文昌方位的能量特別強，只要是經常在這個區域活動的人，便會受到這個能量的感應，而流年文昌的作用力有一年光陰，因此，新的一年，便依天星運轉的軌跡產生方位的轉換，而後續各個流年文昌位如左：

干支	辛巳	壬午	癸未	甲申	乙酉	丙戌	丁亥	戊子	己丑	庚寅
民國	90	91	92	93	94	95	96	97	98	99
西元	2001	2002	2003	2004	2005	2006	2007	2008	2009	2010
流年文昌 卦位	坎	坤	震	巽	坤	乾	兌	艮	離	坎
流年文昌 方位	正北	西南	正東	東南	西南	西北	正西	東北	正南	正北

干支	辛巳	壬午	癸未	甲申	乙酉	丙戌	丁亥	戊子	己丑	庚寅
民國	100	101	102	103	104	105	106	107	108	109
西元	2011	2012	2013	2014	2015	2016	2017	2018	2019	2020
流年文昌 卦位	坤	震	巽	坤	乾	兌	艮	離	坎	坤
流年文昌 方位	西南	正東	東南	西南	西北	正西	東北	正南	正北	西南

如何催發文昌位

催發文昌的佈局方法有許多種，其中最簡單又不會有副作用而且省錢的物品首推『毛筆』了，佈局方式如左：

⑴數量爲四支，大楷、中楷、小楷無妨。
⑵毛筆不管新的舊的都可以。
⑶不可使用筆桿破掉或筆頭脫落的「破筆」。
⑷以吊掛的方式最好。
⑸高度以容易看到而且不容易被小孩拿來玩的狀況最佳。
⑹若文昌位在窗戶或房間門時，可以選窗櫺或門楣的地方。
⑺若是能運用『擇日催發自己來』書中所記載的天星大吉日效果更強。

前面所談的是讀者可以很容易DIY，而且所花的費用不高，方式當然除了毛筆佈局之外，若是想要更強，而且具備裝潢作用的話，可以再加上「文昌狀元峰」配合「文昌狀元」。

這是筆者在尋找個人開運印材時所得到另外一項重大的突破，因爲「翠玉青檀」的發現，才能完成這項工作，其他的木材先天條件無法達到這樣的要求，只不過材料太貴了，而且製作不容易，必須有一定的預約量才可能開工問世，提供予有緣的讀者。

第二篇

陽宅佈局秘法——安居化煞寶瓶

陽宅佈局秘法——安居化煞寶瓶

優秀的地理師在替客戶勘宅之後，取得房子的格局圖與各部份的尺寸，回家轉繪百分之一的比例，藉著八方太極定規（附圖(一)）將房子的八個卦位放射出來之後，參照納氣與房子本身坐向是三百八十四個中的哪一個，便以可知道各個卦位的內氣與外氣五行，天星磁場、卦氣、吉凶特性，以及卦位分界點（附圖(二)參照）。

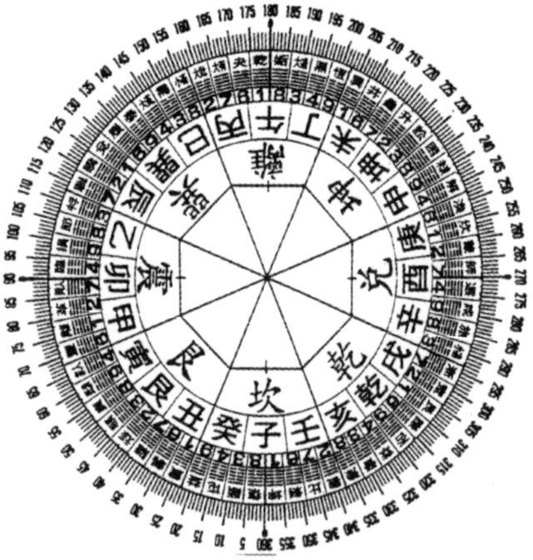

附圖(一)

這是八方太極定規圖示用在陽宅平面圖的八卦定位以及印面設計均可，這是筆者費盡心思做成，配合指北針還可以成為小羅盤，耐磨抗摔，攜帶方便，深受讀者好評。

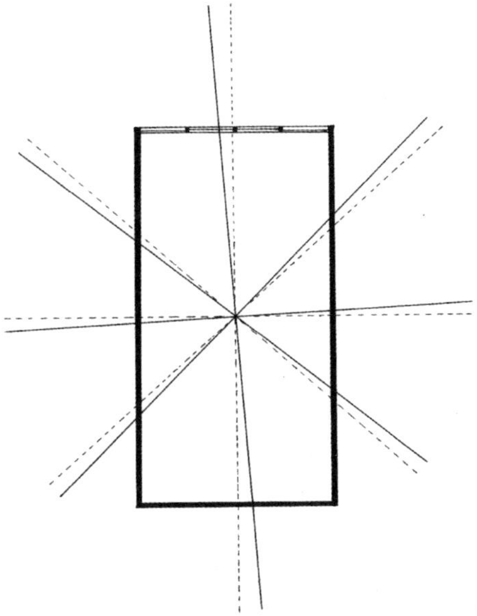

附圖(二)

這是房屋平面圖，經過實際的坐向度量後放射八方，便可以知道八個卦位的所在，透過方格紙的坐標對照，即可確定卦位分界點與佈局用品放置的所在，若是度量有一些偏差，那麼除了卦位不正確以外，各方位的卦氣五行吉凶也錯誤了。

知道前述的資料後，針對吉方如何催旺，如何擺設，凶方如何化解，在圖面上點出位置所在，並指出放置的物品，例如催旺文昌位用毛筆或綠色植物，這個工作是『佈局』，高的地理師依據不同的陽宅先後天條件安排，會有以下的佈局局名：「雙龍得水」局、「左輔朝班」局、「紅龍取珠」局、「木火通明」局、「雙龍衛堂」局、「四龍出水」局、「七星運水」局、「明龍遨翔」局、「龍虎朝拱」局、「金龍在天」局、「照神水龍」局、「中龍擎天」局、「水火既濟」局、「晶龍催旺」、「雙龍拱珠」局、「文昌銜筆」局、「文帝迎旺」局、「昌曲雙秀」局、「金鐘納旺」局、「青龍迎月」局、「五福運財」局、「天水遊龍」局、「月朗天門」局、「石中隱玉」局、「龍馬配印」局、「雙水衛門」、「福祿雙聚」局、「輔弼拱銜」局、「日麗中天」局、「輔拱文星」局、「財星納旺」局、「輔弼通明」局……等等。

在陽宅學的理氣法之中，「八宅明鏡」算是大家比較耳熟能詳的理論；「九宮飛泊」就有點陌生，「玄空大卦」以及「玄空飛星」就屬於比較高段的理論，尤其玄空飛星的『玄空拆解佈局大法』更是陽宅大師爲客戶催旺陽宅能量的絕活，本文所要介紹的安居化煞寶瓶就是這個佈局大法其中的一部分，有緣運用的讀者實在是福報，因爲這個方法坊間的書藉多半不願洩漏，只有正式的陽宅班學員才有機緣獲得。

以玄空飛星的理氣法而言，最重要的基本概念是九個不同屬性的天星，依照不同的坐向、納氣、流年、流月、流日、流時，飛臨不同的卦位（官位）而產生不同的吉凶禍福，這九個天星如左：

一白坎水文曲星（又稱貪狼星）爲吉星。
二黑坤土病符星（又稱巨門星）爲大凶星。
三碧震木蚩尤星（又稱祿存星）爲凶星）
四綠巽木文昌星，半吉半凶。
五黃煞土廉貞星（又稱戊己大煞星）爲最凶星。
六白乾金武曲星，爲吉星。
七赤兌金破軍星，爲凶星。
八白艮土財帛星（又稱左輔星）爲吉星。
九紫離火右弼星，半吉半凶。

前面所介紹的這幾個天星並不是要讀者去背記，而是要特別讓讀者了解在九星裏，有兩個要用心留意的大凶星：一個是五黃煞土廉貞星（簡稱五黃），另一個是二黑坤土病符星（簡稱二黑），由於不同的流年天星磁場，使得二黑與五黃飛臨不同的卦位，若是很不巧地，我們的陽宅在這個宮位又具備引動的誘因，必定造成不利的影響，輕者破財疾病，嚴重的話，將有意外事故發生，所以針對二黑五黃駕臨的宮位，最好能夠加以佈局，以達到降低凶性的效果，「安居化煞寶瓶」就是一項費用低廉、效果顯著，而且可以自己製作的絕佳法寶。

到底這個寶瓶怎麼做呢？首先要準備的材料如下：

(1)**瓶子或罐子**：顏色是透明的，形狀要圓形，材質不拘，造型最好底座大一些，避免傾倒，瓶口也不要太小，以便於放置物品，容量大約五佰到一仟毫升。

(2)**粗鹽**：要去雜貨店、農會才買得到，用精鹽的效果比較差，所以要盡量找粗鹽才好。

(3)**白水晶**：到水晶店買工廠加工後的剩料即可，不用買整塊的晶簇或整支的晶柱，一般到水晶店說要買「枕頭料」就對了，以公斤計價，買一、二公斤便足夠，另外，前項粗鹽一般水晶店都有準備，可以一併購買。

(4)**陰陽水**：就是兩種不同屬性的水各半混合，一般用法是二分之一開水，二分之一地下水或自來水。

(5)**錢幣**：若是有古銅錢當然最好，也就是一般見到的康熙通寶、乾隆通寶等等，但是能夠買到的大多是現代開模鑄造的假貨，所以要找到古銅錢並不容易，加上銅幣遇到鹽份容易腐蝕，因此，鎳幣成為較好的選擇，當然有點年代的更好，數量以六枚爲之。

安居化煞寶瓶的製作方法：

材料準備好了以後，請依照以下的步驟便可完成：

(1)陰陽水倒入容器中，大約三分之一至一半的容量。

(2)放入粗鹽，這個時候，鹽開始溶解，讓溶液飽合之後，瓶底仍然保留一層粗鹽。

(3)放入白水晶粒於容器之中。

(4)再放入粗鹽將白水晶全部覆蓋，並將鹽層表面鋪平。

(5)置入錢幣平放在鹽層上方，六枚錢幣排列成圓形，大功告成。

既然安居化煞寶瓶是爲了化解流年二黑五黃兩顆凶星的威力，所以寶瓶最好準備兩個，一個化二黑，一個解五黃，至於卦位的尋找也非常簡單，步驟如下：

(1)尋找房子的中心點，可藉由皮尺，或是實際測量繪製自己房屋的等比例平面圖求取。

(2)找到中心點之後，用羅盤或指北針放射八方，在儘量克服磁針干擾的前題下，便可以定出八個卦位，由於每個卦位所涵蓋的範圍有45度，實在不小，所以即使稍微偏差，也不致於放錯地方。

知道如何定位以及如何製作安居化煞寶瓶之後，最重要的關鍵點是寶瓶要放在哪裏？依據天星軌跡流年運轉法挨排，得到兩個凶星到臨的方位如左：

干支	民國年數	西元年數	二黑病符星	五黃廉貞星
辛巳	90	2001	艮（東北）	坤（西南）
壬午	91	2002	離（正南）	震（正東）
癸未	92	2003	坎（正北）	巽（東南）
甲申	93	2004	坤（西南）	中宮
乙酉	94	2005	震（正東）	乾（西北）
丙戌	95	2006	巽（東南）	兌（正西）
丁亥	96	2007	中宮	艮（東北）
戊子	97	2008	乾（西北）	離（正南）
己丑	98	2009	兌（正西）	坎（正北）

庚寅	99	2010	艮（東北）	坤（西南）
辛卯	100	2011	離（正南）	震（正東）
壬辰	101	2012	坎（正北）	巽（東南）
癸巳	102	2013	坤（西南）	中宮
甲午	103	2014	震（正東）	乾（西北）
乙未	104	2015	巽（東南）	兌（正西）
丙申	105	2016	中宮	艮（東北）
丁酉	106	2017	乾（西北）	離（正南）
戊戌	107	2018	兌（正西）	坎（正北）
己亥	108	2019	艮（東北）	坤（西南）
庚子	109	2020	離（正南）	震（正東）
辛丑	110	2021	坎（正北）	巽（東南）
壬寅	111	2022	坤（西南）	中宮
癸卯	112	2023	震（正東）	乾（西北）
甲辰	113	2024	巽（東南）	兌（正西）

由前表可以知道兩個凶星所到臨的卦位，安居化煞寶瓶就按照各流年的不同予以變換，也就是只要每年一個小動作，化解凶星的力量。這個特殊的秘法願您珍惜，並告訴親友，功德一件。

第三篇 燈火開運秘訣

燈火開運秘訣

對光有點了解的人都知道太陽光是由「紅」、「橙」、「黃」、「綠」、「藍」、「靛」、「紫」七種色光組成，若是看過三稜鏡的話，便有印象。

燈光和開運有關係嗎？答案是肯定的，因爲外來的光線直接照在臉上，光線本身所帶的顏色便會使臉色產生些微的變化，若是您曾經站在水銀燈下，便會發現氣色變藍變綠，不僅有點難看，甚至有些恐佈。

容易讓人忽略的是傳統的日光燈管是所謂的「晝光色」，在沒有比較的狀況下，會認爲是無色，和太陽光沒什麼兩樣，但實際上是偏綠的，這用在綠色蔬菜或水果的照明是相當不錯的選擇，因爲色感變強，翠綠而嬌艷欲滴，但是在室內卻會讓人臉上蒙上些微的綠色，與個人需要的好氣色有不小的差異。

在以往，這是莫可奈何的事情，因爲我們可以運用的不多，但近幾年來，隨著科技的昌明，我們有了更多的選擇性，尤其是「三波長太陽神燈管」的發明，一個與日光燈管構造完全一樣，更換時繼續沿用舊有的燈座即可，價格比傳統日光燈管高一些而已。

太陽神燈管的顏色更接近太陽光，更可取的是顏色有點偏紅，對氣色的紅潤是有幫助的，因此，一個良心的建議是將您坐位上方的燈管先換下來改變氣色，以後當其他燈管壞掉的時候，更換對您有幫助的燈管，讓您有「好臉色」。

另外，開店的經營者不知是否有注意到國內幾家便利超商有一項共通的特色，就是內部非常明亮，光亮的空間，給人光明，乾淨、舒服的感覺，即使陌生，也有較強的安全感，在陽宅上也有以下優勢：

一、吸引目光：人類共通的特性是會將目光轉移到比較亮的地方，吸收眼波能量的結果，陽宅的宅氣跟著增強。

二、佈局法門：充足的燈光是科學佈局方法之一，因爲光能也是宅能量的一部分，光子多，宅能量跟著提昇。

三、吸引人氣：由於安全感使然，過往的人比較容易進去一探究竟，人氣是宅能量的重要指標，可以彌補許多陽宅上先天不足之處。

總而言之，本篇的結論在於燈光不只是照明而已，還牽涉到您的氣色與陽宅能量，好好運用，讓您提昇運程。

第四篇

改名開運自己來

改名開運自己來

從筆者姓名學著作「命名改名開福運」、「命名高手」、「命名開運一日通」、「開運姓名學寶鑑」陸續開世以來，得到不少讀者的肯定，在做完姓名鑑定之後，偶而會接到讀者詢問：「陳老師，這個名字需不需要改？」

名字確實對個人有一定程度的影響，也是個人因果業力的一部分，但並不能決定一生的榮枯，影響力也超越不了八字，很有趣的是姓名可以論斷，主要的原因是有百分之八十左右的人在姓名的特性上與先天八字有不少相同之處，所以姓名學的論斷有八上下成的準驗度。

命名的秘訣有兩大部分，一是『筆畫數理格局』，一是『屬性用字』，這兩個部分都不可偏廢，而且要以個人的先天八字爲前題做搭配才能面面俱到，得到高能量的名字，所以相當耗費時間，更不是一篇文章可以寫得完的，而本篇主要是以相當精要的重點，讓您檢查自己的名字是否有這些比較大的缺失，若有的話，可以購買筆者姓名學的相關著作，若是自己名字能量太低的話，可以換個好一點的名字，當改名有困難的話，偏名經由呼喚也有一定程度的效果，或是用好名字製作『超能寶印』，效果並不輸實際改名。

檢查自己的名字以個人「出生年」爲主，仍然分「筆劃數理格局」與「屬性用字」兩大部分分述如下：

一、筆劃數理格局部分：若是有下列情形、屬於比較大的缺點：

(1)五格裏面有四格或四格以上是屬於「弱數」。

(2)人格被其他格的五行剋制；顯得孤立無援。

(3)相鄰五格間多半相剋；而且數目衆多。

(4)五格形成兩種五行的族群，而五行間彼此相剋。

前面筆者所列的問題或許乍看之下不容易明白，所以特別補充以下的觀念：

以姓名學而言，由康熙字典的筆劃計算方式，可以得到每個字的筆劃，再依照排列的結果起出「五格」，也就是『天格』、『人格』、『地格』、『外格』、『總格』的總稱，由於姓氏有單姓與複姓兩種，而名字也有單名與複名，所以五格的計算方式也有一點點差異，不過卻非常容易掌握，請看下面的例子：

㈠單姓單名

	一	1	
			} 15(天格)
	連	14	
			} 30(人格)
2	戰	16	
(外格)			} 17(地格)
	一	1	
		30	(總格)

㈡單姓複名

	一	1	
			} 17(天格)
	陳	16	
			} 30(人格)
10	水	4	
(外格)			} 13(地格)
	扁	9	
		29	(總格)

㈢複姓單名

	司 5		
		} 15(天格)	
	馬 10		
6		} 21(人格)	
(外格)	英 11		
		} 12(地格)	
	一 1		
	16	(總格)	

㈣複姓複名

	東 8		
		} 12(天格)	
	方 4		
		} 17(人格)	
22	楚 13		
(外格)		} 27(地格)	
	瑜 14		
	39	(總格)	

起出個人姓名的五格便有檢驗的標的，首先最重要的是「五行」的確立。

筆劃的五行非常簡單，只要看個位數即可，分別是1、2屬木，3、4屬火，5、6屬土，7、8屬金，9、0屬水，也就是左列的成果：

1、11、21、31、41、51、61、71
2、12、22、32、42、52、62、72
以上五行屬木

3、13、23、33、43、53、63、73
4、14、24、34、44、54、64、74
以上五行屬火

5、15、25、35、45、55、65、75
6、16、26、36、46、56、66、76
以上五行屬土

7、17、27、37、47、57、67、77
8、18、28、38、48、58、68、78
以上五行屬金

9、19、29、39、49、59、69、79
10、20、30、40、50、60、70、80
以上五行屬水

前面所列的筆劃數字除了本身其備五行之外，還有「強數」與「弱數」的區別，所謂的強數就是一般所說的「吉數」，弱數便是「凶數」，由於凶數聽起來相當可怕，而且實際上沒有那麼恐佈，所以筆者在名稱上給予修正，在數理吉凶上，總計有八十數，八十一數則循環回到一數，換句話說，八十一數等於一數，八十二數等於二數，次下依此類推，強弱以及中性數如左：

強數↓

1、11、21、31、41、61

32、52

3、13、23、33、63

24

5、15、25、35、45、65

6、16

7、17、37、47、57、67

8、18、48、68

29、39

弱數↓

2、12、22、62

53、73

4、14、34、44、54、64、74

26、36、46、56、66、76

27、67

28、78

9、19、59、69、79

10、20、30、40、60、70

中性數↓

38、42、43、49、50、51、55、58、71、72、73、75、77

㈠以下我們來舉例說明不好的筆劃格局：

	一	
		14(弱)
	13	
		19(弱)
9	6	
		14(弱)
	8	
	27	(弱)

	一	
		12(弱)
	11	
		20(弱)
19	9	
(強)		27(弱)
	18	
	38	(弱)

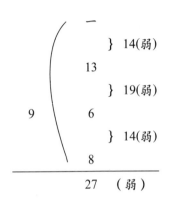

	一	
		} 17(強)
	16	
		} 26(弱)
19	10	
(弱)		} 28(弱)
	18	
	44	(弱)

	一	
		} 9(弱)
	8	
		} 14(弱)
4	6	
(弱)		} 9(弱)
	3	
	17	(強)

(二)前面所舉的例子便是第一類，弱數太多的情形，接下來看以下第二類的狀況：

	一	
		} 9(水)
	8	
		} 18(金)
14	10	
(火)		} 23(火)
	13	
	31	(木)

人格18數，五行屬金，被地格及外格的火所剋，其他格五行又幫助不了，孤立無援

	一	
		} 17(金)
	16	
		} 22(木)
18	6	
(金)		} 23(火)
	17	
	38 (金)	

人格數22數、五行屬木，被天格、外格、總格夾剋，地格又耗力，毫無招架餘地。

	一	
		} 8(金)
	7	
		} 12(木)
7	5	
(金)		} 11(木)
	6	
	18 (金)	

人格數12，五行屬木，被天格、外格、總格所剋，本來已是弱數、更顯得雪上加霜。

外格	姓名	格
	一	
		10(水)
	9	
		23(火)
17 (金)	14	
		30(水)
	16	
	39	(水)

人格數23，五行屬火，被天格、地格、總格所剋，外格又有助紂爲虐的問題，眞是草木皆兵。

㈢前面例子是人格孤立無援的狀況，我們再看以下第三類的實例

外格	姓名	格
	一	
		18(金)
	17	
		24(火)
13 (火)	7	
		19(水)
	12	
	36	(土)

(1)人格剋天格（火剋金）

(2)地格剋人格（水剋火）

(3)總格剋地格（土剋水）

兩兩相剋，糾纏不清

```
          一
              } 16(土)
          15
              } 21(木)
 12       6
(木)          } 17(金)
          11
─────────────────────
          32   (木)
```

(1)人格剋天格（木剋土）

(2)地格剋人格（金剋木）

(3)地格剋總格（金剋木）

剋來剋去，十分精采

```
          一
              } 6(土)
          5
              } 12(木)
 9        7
(水)          } 15(土)
          8
─────────────────────
          20   (水)
```

(1)人格剋天格（木剋土）

(2)人格剋地格（木剋土）

(3)地格剋總格（土剋水）

捉對廝殺、毫不留情

	一	
		} 6(土)
	5	
		} 19(水)
10	14	
(水)		} 23(火)
	9	
	8	(金)

(1)天格剋人格（土剋水）

(2)人格剋地格（水剋火）

(3)地格剋總格（火剋金）

從上而下一路順剋，精彩絕倫

(四)前面便是相鄰五格間的相剋情形，接著介紹下一種筆劃格局的大問題：

	一	
		} 8(金)
	7	
		} 12(木)
17	5	
(金)		} 21(木)
	16	
	27	(金)

天格、外格、總格的五行都屬「金」

人格、總格的五行都屬「木」

形成兩大族群，三個金兩個木，金木交戰，結果是木較不利。

外格	筆劃	五格
	一	
		10(水)
	9	
		15(土)
15	6	
(土)		20(水)
	14	
	29	(水)

天格、地格、總格的五行都屬「水」
人格、外格的五行都屬「土」
水、土交戰，土雖剋水，但水多不弱，兩敗俱傷。

外格	筆劃	五格
	一	
		14(火)
	13	
		19(水)
9	6	
(水)		14(火)
	8	
	27	(金)

天格、地格屬「火」
人格、外格屬「水」
水、火不容，水有金來生助，火較不利。

	一	
		} 13(火)
	12	
		} 18(金)
7	6	
(金)		} 12(木)
	6	
	24	(火)

天格、總格五行屬火
人格、外格五行屬金
地格木與火屬同一族，受雙金壓制，金、木均傷的筆劃格局。

二、用字偏旁部分，以個人出生年爲準，若出現所列舉的偏旁，是屬於比較大的缺點：

子年生：「土」、「午」、「未」、「戌」、「廴」、「辶」、「日」、「羊」、「馬」、「人」、「彳」。

丑年生：「木」、「未」、「又」、「示」、「羊」、「衣」、「言」、「日」、「糸」。

寅年生：「金」、「申」、「几」、「宀」、「人」、「口」、「彳」、「

田」、「門」、「龍」。

卯年生：「金」、「酉」、「辶」、「廴」、「彳」、「心」、「虫」、「羽」。

辰年生：「木」、「土」、「虫」、「小」、「犬」、「口」、「立」、「」、「乙」。

巳年生：「水」、「亥」、「人」、「手」、「日」、「禾」、「豆」、「足」。

午年生：「水」、「子」、「心」、「又」、「田」、「山」、「冫」、「日」。

未年生：「水」、「丑」、「糸」、「生」、「心」、「大」、「衣」、「巾」。

申年生：「火」、「心」、「艹」、「禾」、「虍」、「辶」、「廴」。

酉年生：「火」、「午」、「人」、「示」、「戊」、「句」、「水」、「雨」。

戌年生：「金」、「辰」、「彳」、「田」、「示」、「水」、「山」。

亥年生：「辶」、「廴」、「彳」、「土」、「示」、「彡」、「刀」、「糸」。

除了筆劃和用字的問題之外，還有以下幾個問題也應該考慮改名：

㈠**字義**：中國字從康熙字典中可以查到四萬九千多個字，每個字都有「字形」、「字音」、「字義」，在命名的時候，這三大要項都是必須斟酌的標的，尤其是『字義』更要翻閱字典了解一下，才不會造成日後的困擾，因爲字義不好，便很容易和當事人聯想在一起，而且字義也具有一定程度的靈動力，所以即使字形、字音都好，字義不佳也是枉然。

㈡**諧音**：由於多元性的發音使然，一個名字往往有許多不同唸法，而且從小個人的名字便時綽號的最佳來源，倘若好聽一些也就罷了，要是難聽點或是不雅的話，是一件非常痛苦的事情，而且綽號本身成爲個人的代表之後，也具有一定程度的靈動力，必須注意。

㈢**厭惡**：名字是個人的代表，如影隨形，當您對自己的名字產生排拒時，縱使名字能量再高，也是毫無用處，甚至有負性靈動，而這樣的情形很多，除了前面兩項原因之外，還有很多，例如男性的名字太像女性，經常容易被誤認，女性的名字太陽剛讓人雌雄莫辨，或是名字太難寫、難唸、必須解釋老半天等等。

姓名對個人的作用力雖然不如「陰宅」、「八字」、「陽宅」來得大，但比起其他方面的能量卻是有過之而無不及，甚至在求職的時候，由於雙方並不認識，名字可能成爲落選的關鍵，這點我們也要加以重視，許多改了名字的人發現運程比以前提昇許多，除了八字流年的改變以及姓名學的靈動力之外，心理因素也是一項重要的原因，畢竟拋開了以往的陰影，重新出發，猶如脫胎換骨一般，對未來更充滿了希望，在好的心情當中，判斷力比以往更強，周邊的人也感受到自己的改變，當然跟著順起來了。

第五篇　掌握行運，規劃未來

掌握行運，規劃未來

宋朝宰相呂蒙正先生曾作了一篇「破窯賦」，內容十分精彩，道盡了個人行運是一生重要的關鍵，內容筆者收錄如下：

「天有不測風雲；人有旦夕禍福，蜈蚣百足，行不及蛇；家雞翅大，飛不及鳥。馬有千里之程，非人不能自往；人有淩雲之志，非運不能騰達。文章蓋世，孔子尙困於陳邦；武略超群，太公垂釣於渭水。盜跖年長，不是善良之輩；顏回命短，並非凶惡之徒。堯舜至善，卻生不肖之子；瞽叟頑呆，反有大聖之兒。張良原是布衣，蕭何稱謂縣吏。晏子身無五尺，封爲齊國宰相；孔明居臥草廬，能作蜀漢軍師，韓信無縛雞之力，封爲漢朝大將；馮唐有安邦之志，到老半官無封。李廣有射虎之威，終身不第。楚王雖雄，難免烏江自刎；漢王雖弱，卻有河山萬里。滿腹經綸、白髮不第；才疏學淺，少年登科。有先富而後貧；有先貧而後富。蛟龍未遇，潛身於魚蝦之間；君子失時，拱手於小人之下。天不得時，日月無光；地不得時，草木不長；水不得時，風浪不平；人不得時，利運不通。昔時也，余在洛陽，日投僧院，夜宿寒窯、布衣不能遮其體、淡粥不能充其飢，上人憎、下人厭，皆言余之賤也，余日：「非賤也，乃時也、運也、命也」，余及登科，官至極品、位列三公，有撻百撩之杖、有斬嗇吝之劍，出則壯士執鞭、入則佳人捧秧，思衣則有綾羅錦緞、思食則有山珍海味，上人寵，下人擁，人皆仰慕，皆言余之貴也，余曰：「非貴也，乃時也、運也、命也」，蓋人生在世，富貴不可捧，貧賤不可欺，此乃天地循環，終而復始也。

整個破窯賦道出了「時間點」的重要性，也就是『行運』是個人一生成敗的重要關鍵，縱使個人能力已經完全具備，沒有好的時機想要有大的成就是相當困難的事情，這點和八字的學理不謀而合。

我們曾經看到自己周邊的人事業做得輝煌騰達，可是卻在轉眼間跳票、週轉不良、倒閉，因爲在一切順遂的時候，我們會以現在努力去展望未來，以爲往後的歲月可以完全掌握，因此會義無反顧地擴充規模，很巧的是在這麼多的八字論命經驗中，筆者發現一個現象，那就是在個人好運的最後一年都會有大投資的機會，種下日後一厥不振的禍因；另外，有不少的人在好運時，恣意享樂，結果當好運結束之後，坐吃山空，由儉入奢易，由奢返儉難，那種時不我予的痛苦實在難以承受；另外，有的人時來運轉，原本是非常平凡的人，沒想到兩年不見，經營的事業如日中天，令人刮目相看，時也？運也？命也？

許多人爲了掌握生命，放眼未來，特別進行所謂的「生涯規劃」，但大多變成「隨遇而安」，走一步算一步，原因在哪裏？因爲變數太多了，而且個人的能力不代表一切，是故，當您要生涯規劃時，個人八字與行運是相當重要的指標。

創業有合夥與獨資兩種，在靜極思動的情形下，相要知道現在創業好不好，可以透過兩種算命方式提供建議，一是「卜卦」、一是「批八字」二者綜合決斷，可以得到較爲完美的答案，若是要合夥的話，最好將全部的股東八字看過，最佳的情況是全部股東的大運流年都在旺運狀態，而且還有一段較長的好運時期，可謂衆志成城，若是自己行運不強，而股東多走旺運的話，等於搭別人的船，就是一般人所講的「借別人八字來用」，若是自己走好運，而股東處在背運時期的話，猶如老牛拖車，實在是宰相無力可回天，枉費了個人的好運，所以八字行運也是愼選個人創業夥伴的重要環節。

「樂天知命」這句話或許大家津津樂道，大約知道要以樂觀的態度去面對人生，但其實還有更深一層的意義沒解讀出來，那便是「知命」這兩個字，簡單來說，就『知道自己未來的運程起伏狀況』，如此，在樂天知命之後，又能「知命掌運」，對未來更能拿捏。當然，筆者必須強調一個重要觀念，八字並不是個人一生的全部，勤奮努力以及積德行善都是將個人格局推高的方式，許多的例子都可以得到印證，若是八字註定了您的一切，那就沒有成長空間可言了，而八字卻提供了一生重要的軌跡，讓您知道起伏的能量強弱，才有辦法回顧過去，展望未來。

想掌握未來嗎？了解個人的八字實在是必要的事，懂得趨吉避凶更是開運的方法之一。

第六篇 接引喜氣開福運

接引喜氣開福運

在筆者以往的著作篇章裏，筆者曾提到與個人息息相關的「晦氣」，也提供了相當簡便容易的法門來去除，現在我們以逆向思考的方式來研究一個問題：「是不是有比較好的氣可以提昇運程？」答案是肯的。

談到這兒，靈感豐富的讀者便想到是『喜氣』，的確如此，喜氣對個人的運程是有幫助的，在生活中，有哪些喜氣呢？請看左列的敘述：

一、「**婚禮**」：包含訂婚與結婚都是充滿喜氣，尤其是集團結婚，數十對甚至上百對的新人，眞是喜氣洋溢的所在。

二、「**入宅**」：入宅也是充滿喜氣的場合，但並不是百分之百如此，因爲某些業障現前的人可能買到的是煞氣攻身的陽宅，就不一定能有多少喜氣了。

三、「**嬰兒吉誕**」：親友或鄰居有弄璋弄瓦之喜也是洋溢喜氣的，只不過孕婦要休息，探訪的時候是不能待太久的。

四、「**升官**」：升官包含公家機關與私人機構，更上層樓可以施展抱負，發揮理想，也帶著相當的喜氣。

五、「**壽誕**」：場合不多，也必須看壽星本身的身體狀況而定。

前面幾種喜氣的場合以婚禮最好？最多，氣也最強，至於如何接喜氣來提昇呢？

以下是接喜氣的方式：

一、**參與**：親友找您當伴郎或伴娘那是最好不過的事，全程參與，時間夠長，接氣最多。

二、**接近**：多與新郎、新娘握手，甚至表明：「要來沾您的喜氣，讓大家起開運」，得到新娘新郎的首肯，金口一開，接氣更強。

三、**喜筵**：即使沒有前兩項，在喜筵之中充滿著歡樂的氣氛與祝福的話，可以吸收的喜氣也不少。

四、**喜帖**：雖然不能親身參與，但是喜帖來自於主家，喜氣也不弱，記得以快樂的心情，包個紅包過去。

接引喜氣有一點是相當重要的，那就是必須要先了解那一天是不是自己的「正沖日」，若是的話，最好不要參加來得穩當些，另外新郎和新娘的喜氣是用不完的，不要以爲自己有什麼「吸星大法」會把人家的喜氣用光了，所以即使您用了吃奶的力量氣也不會有什麼影響。

第七篇　衣著開運秘訣

衣著開運秘訣

衣服也牽涉到運程，恐怕是大家忽略的事情，俗語說：「人要衣裝，佛要金裝」，主要是強調的是外觀的美麗，和本篇所要闡述的旨趣大不相同，但是整齊端莊的外觀牽涉到他人的印象，也是個人成敗的因素，尤其是在商場上與個人求職的時候，服裝有缺失便已失敗了一半。

衣著除了整齊乾淨之外，最好的衣著開運法是按照個人的先天八字命局尋找最佳的用神五行來選配顏色，只是一談到八字，對讀者似乎有點困難，不過仍有幾項重點非知道不可。

氣色是檢查一個人當時旺不旺的重要關鍵，換言之，氣色好才有可能得到好運程，而形成氣色的因素有兩部分，一是體內散發、二是外部映照，第一項必須藉由攝生、積德行善與好的人生觀形成，第二項可以由自己控制，便是衣服。

衣著的顏色可以藉著光線的反射照映到臉上，因此當衣服的顏色是灰灰暗暗，甚至全黑無光時，會讓氣色變差，也會讓別人覺得沒有生氣，所以應該避免，並選擇顏色淡一點、亮一點的衣服便不會有這樣的題，另外，還有一個相當重要的秘訣與吸引異性有關，那就是是紅色系列的運用，尤其是女性，當您一直處在「乏人問津」的狀態時，改變您的穿著，尤其是粉紅色系，效果更好。

第八篇 趨吉避凶秘訣

——正沖日的用法

趨吉避凶秘訣——正沖日的用法

學習陽宅、命裡有一個相當重要的基礎，那就是「十天干」與「十二地支」

十天干：甲、乙、丙、丁、戊、己、庚、辛、壬、癸

十二地支：子、丑、寅、卯、辰、巳、午、未、申、酉、戌、亥。

十天干與十二地支依照「甲子」、「乙丑」、「丙寅」、「丁卯」……依順序排列一直到「壬戌」、「癸亥」再從「甲子」開始，總共六十個（十與十二的最小公倍數），這就是「六十甲子」。

其實十天干與十二地支以及六十甲子已經是相當生活化的東西，也經常有人拿來命名，而六十甲子在「流年」、「流月」、「流日」也依照順序循環不絕，換言之，每六十年便再出現一次甲子年；每六十個月便再出現一次甲子月；每六十天便再出現一次甲子日，而所謂的「四柱八字」，便是依照個人出生的時辰所屬的天干地支排出來，這是個人的「密碼」，可以論斷個人一生吉凶的理論。

在四柱之中的第一柱稱為「年柱」，也就是出生年的干支，這與本篇所要要研究的重點非常有關係，要求出自己出生年的干支非常容易，說明如下：

一、**天干求法**：看自己的出生年的「個位數」（以民國年數為準，不是西元年數），十位數與百位數不看，1壬、2癸、3甲、4乙、5丙、6丁、7戊、8己、9庚、0辛，很容易地取得天干數

二、**地支求法**：將民國年數除以十二（因為地支十二個），商數不管，只看餘數，由餘數得支地支：1子、2丑、3寅、4卯、5辰、6巳、7午、8未、9申、10酉、11戌、0（整除）亥

天干與地支的求法非常簡單，我們由實例練習：

㈠例如民國90年

⑴天干很容易地知道個位數0是「辛」。

⑵地支數以90除以12，得到餘數6，從子順數，6數是「巳」。

⑶天干地支組合起來，立刻知道民國90年的干支是「辛巳」。

㈡例如民國93年

⑴天干個位數是3，很容易地知道是「甲」。

(2)地支數以93除以12，得到餘數9，從子順數，9數是「申」。

(3)天干地支組合起來，立刻知道民國93年的干支是「甲申」。

從簡單的計算方式中，我們可以很容易地得到個人出生年的天干地支，這是個人的代表符號，我們要趨吉避凶，便要先了解本身所屬的干支，再據以推算個人的正沖日。

當您依照前述的方法推算出來之後，要找出個人的正沖日便非常簡單了，秘訣是天干和地支分開，各順數進六，便是正沖日的干支，承襲前面兩個子：

(一)例如民國90年「辛巳」年生人的正沖日計算方式：

(1)天干辛順數進六，分別是壬、癸、甲、乙、丙、「丁」，得到天干是「丁」。

(2)地支巳順數進六，分別是午、未、申、酉、戌、「亥」，得到地支是「亥」。

(3)天干地支組合起來，立刻知道辛巳年生人的正沖日是「丁亥」日

(二)例如民國93年「甲申」年生人的正沖日計算方式：

(1)天干辛順數進六，分別是乙、丙、丁、戊、己、「庚」，得到天干是「庚」。

(2)地支申順數進六，分別是酉、戌、亥、子、丑、「寅」，得到地支是

「寅」。

(3)天干地支組合起來，立刻知道甲申年生人的正沖日是「庚寅」日

前面所敘述的是個人正沖日的計算方法，為了方便起見，您可以依照左列的圖表對照：

干支	正沖日	干支	正沖日	干支	正沖日	干支	正沖日	干支	正沖日
甲子	庚午	丙子	壬午	戊子	甲午	庚子	丙午	壬子	戊午
甲寅	庚申	丙寅	壬申	戊寅	甲申	庚寅	丙申	壬寅	戊申
甲辰	庚戌	丙辰	壬戌	戊辰	甲戌	庚辰	丙戌	壬辰	戊戌
甲午	庚子	丙午	壬子	戊午	甲子	庚午	丙子	壬午	戊子
甲申	庚寅	丙申	壬寅	戊申	甲寅	庚申	丙寅	壬申	戊寅
甲戌	庚辰	丙戌	壬辰	戊戌	甲辰	庚戌	丙辰	壬戌	戊辰
乙丑	辛未	丁丑	癸未	己丑	乙未	辛丑	丁未	癸丑	己未
乙卯	辛酉	丁卯	癸酉	己卯	乙酉	辛卯	丁酉	癸卯	己酉
乙巳	辛亥	丁巳	癸亥	己巳	乙亥	辛巳	丁亥	癸巳	己亥
乙未	辛丑	丁未	癸丑	己未	乙丑	辛未	丁丑	癸未	己丑
乙酉	辛卯	丁酉	癸卯	己酉	乙卯	辛酉	丁卯	癸酉	己卯
乙亥	辛巳	丁亥	癸巳	己亥	乙巳	辛亥	丁巳	癸亥	己巳

正沖日是不利於個人的日子，每六十天循環一次，因爲六十甲子的緣故，所以每年大約六次或七次。因應正沖日最好的方法是少出門，儘量不要參加婚、喪、喜、慶、簽約、入宅或協助事宜，也就是不要有太大的生活軌跡變化，這是最好的因應方式，特別在本篇提供這個秘法，畢竟趨吉避凶是開運的一大前題。

第九篇

開運印鑑自製秘訣

開運印鑑緒論

印章是中國自古的文化藝術，文人雅仕在字畫完成後，一定要蓋上自己的印章，猶如自己的商標一般，在法律上，印章可以代替簽名產生一定程度的法律效力，這是民法第三條第二款的規定，而印鑑制度更是一項獨特的設計，用在個人授權與意思表示的完整性，因此，地政業務，司法行政等業務，都有印鑑證明的使用，而大多數的金融機構也都要用到印章，所以，自古代傳下來的觀念與法律實務造成的結果，使得印章成爲個人的代表，而有「如朕親臨」的效果。

以命理五術的角度而言，印章的地位確實如前段所說的重要，而且因爲左列的原因產生與個人相應的作用：

一、印章面所刻的是自己的名字，因此印章是姓名能量感應的一四大要項之一（呼喚、簽名、用印、名片）。

二、物物一太極，小小的印面就像陽宅一樣，有它的八卦方位，八卦太極產生磁場，決定印章能量的強弱。

三、印材本身的能量與個人之間的作用。

在這樣的因素之下，開運印鑑漸漸地被推廣開來，到現在也有幾十年的光陰，不過由於本身所牽涉到的專業太多了，包括方位、五行、美術、雕刻等。而隨著電腦的興起，雕刻機具可以由電腦控制，而且只要將名字輸入電腦後指定字體即可自動排版，沒有太多技術上的困難，因此刻印業者更是躍躍欲試，就外觀而言，自己的成品已經和坊間的開運印鑑完全相同，更有某些業者認爲「只要用象牙當印材，印面用吉祥體，便是開運印鑑」？而轟轟烈烈地經營起來，但是當客戶詢問更深一層的問題時，便瞠目結舌而有占大心虛了，因此，推展開運印鑑的業務，途徑只有三種：

一、學到開運印鑑眞正的印面佈局秘訣，不過也必須克服以下的問題：

(1)本身的興趣與對五術的領悟力。

(2)找不到開課的老師。

(3)老師本身是否眞懂秘訣，願不願意傾囊相授或是留一手。

(4)高昂的學費支付之後是否能夠回收，或是石沈大海。

二、與眞正懂開運印鑑，而且心性善良的老師配合：這是比較好的方式，優點如下：

(1)有老師做後盾，增加公信力與客戶信賴度。

(2)八字用神五行由老師提供，自己也沒有解說上的困難。

(3)不用無謂的花費與盲目的投資。

(4)可代理相關的命理、陽宅業務，增加收益管道。

開運印鑑這項大家都想了解的秘訣將在本書中一一揭開，有興趣的讀者必定在本書之中得到答案，請用心研究。

三、加盟經營：結合衆人的力量，但是加盟必須符合第二項的前題，所以一定要愼選結盟對象，才不會後悔，其他如加盟費用等也要考慮，所以要找一家好的聯盟廠商。並不容易，因爲很有可能繳了大筆的加盟金卻無法回收，不過這點筆者可以提供協助。

第一章　印材的選擇秘訣

印材的選擇是開運印鑑相當重要的環節，一般人所想到的可能只有物理性質，也就是這個材料適不適合作印章，當然這方面的想法完全正確，只是眞正的天機並不在此，筆者願意在此公開，獻給有緣的讀者：

一、蓄積能量的所在：

印面是名字太極的中樞，全部依附在印材上，透過用印、蓋印而產生靈動，目前坊間印章高度受限於象牙、牛角本身是空心的取材限制，所以高度只有六公分，除了氣勢不足以外，所蓄積的能量也比較小，應該再加大一些更好。

二、放出能量的根源：

較強的開運印鑑能感應的場合不僅在於印章的使用，而是在平常的時候，攜帶在身上，印章放出能量，使用者得氣、運程自然有所提昇，所以除了加持以外，印材本身所蘊涵的五行必須與個人八字喜用相合，力量才能達到巔峰。

以開運印鑑而言，目前所使用的材料種類不外以下幾種，分析如左：

㈠**象牙**：早期唯一的選擇，但是自從相關法令實施之後，象牙已經禁止買賣，部分業者已不再使用。

A優點：質感好，重量夠，韌性強，紋理細緻漂亮。

B缺點：由於象牙係殺生而得，是否有動物靈跟隨的問題，非常難以掌握，其次是否害業者觸法判刑也必須考量，另外印章容易龜裂，一段時間之後，牙心的收縮會使印面變形也是相當大的困擾。

㈡**牛角**：使用率相當高，象牙禁止買賣之後，有部分業者使用牛角代替，個人印使用赤角，公司印由於赤角不夠大，所以使用黑牛角。

A優點：結構強，赤角有透明感，質感不錯。

B缺點：與象牙同樣是動物屍體的一部分，也怕動物靈，由於牛角比象牙來得小，幾乎每支都從角心取材（牛角與象牙相同都是空心，只有靠近尾端的部分是實心），所以沒多久便有收縮現象，使得印章中心蓋不出來，印章頂部的龜裂又比象牙來得快些，印章尺寸無法增加也是一大問題。

㈢**水晶**：近幾年相當熱門，當飾品、玩賞以及陽宅佈局都可以見到縱影。

A優點：本身帶有能量，種類繁多，可供選擇、品味。

B缺點：比重大，掉到地上容易碎裂，但是超能寶印由於是供起來蓄積能量，並不使用，所以也可以參考。

㈣**玉石**：如瑪瑙、緬甸吉祥寶玉等，都和水晶非常類似。

㈤**木材**：一般觀念會覺得木材不如象牙，當然就想法而言，也無可厚非，因爲根深蒂固的認知與業者不斷地灌輸觀念，產生這樣的誤解。

天生萬物，變化多端，接觸了四十幾年木材的人也不敢說全部的木材都看過，更何況高檔的木料以兩計量，價格遠遠超過象牙，尤其難以想像，因此，眞正好的木材，將改變您的想法。

木材的優點如左：

(1)**氣力旺盛**：可當印材的木料必定孕育於高海拔的山區，氣候嚴寒，生長速度緩慢，成材都必須歷經數百年的風霜，期間吸收山川日月的精華，絕不是任何動物區區十數年的能量所能比擬，像目前所發現的紫晶玉檀，小小二公分的印面便可以發現一百多年的年輪紋路，令人嘆爲觀止。

(2)**不殺生**：前面提到取材的血腥以及動物靈的問題，都與本項材料無關。

(3)**稀有性與玩賞性**：木材紋理變化多端，有時令人愛不釋手，稀有珍貴的材料更是百年難得一見。

(4)**香氣與芬多精**：部分木料本身帶有特殊的香氣，芬芳持久，使人身心舒暢，這種特質其他印材望塵莫及。

(5)**尺寸易於增加**：象牙用於公司的開運印鑑偶爾還能增加尺寸，牛角便稍微有點困難，赤牛角沒辦法做公司印便是明證，木料在這項特性上勇冠群倫，到目前並沒有發生印章必須大到木材材積不足以應付的問題，所以爲了加強能量而增大體積，木材可以說是遊刃有餘。

(6)**比重適宜**：各種木料的比重差異懸殊，適合做印材的種類，比重大約在一左右，攜帶方便，不致於增加負擔。

(7)**物理性穩定**：適合的種類性質穩定，不易龜裂，也沒有印面收縮的困擾，不會有部分區域蓋不出來的現象產生。

(8)**和平競爭**：植物默默地往下紮根、向上成長，動物憑藉武器自衛、戰鬥、爭風吃醋，所帶的磁場感應如何？您只要用心思考，便可以得到答案。

(9)**具備能量**：植物的能量經常用於陽宅佈局，催財或催文昌均有莫大助益，而具能量容易轉換，又最容易與人類相容互通，其他的材質難望項背。

(10)**五行齊全**，世界之大，無奇不有，植物種類繁多，在取材上可以達到開運印鑑的最高境界——「用個人八字最好的五行來選配印材」，這是運用不同顏色的印材調和個人磁場，當然染色只能作用於表面，不僅沒有效果，恐怕還有副作用產生，在淘汰性質不夠好的印材之後，您可以在以下的前題上做選擇。

①當您個人的八字命格是『火』的五行最好的時候，可以選擇「紫晶玉檀」。

②當您個人的八字命格是『土』的五行最好的時候，可以選擇「琥珀香檀」。

③當您個人的八字命格是『金』的五行最好的時候，可以選擇「珍珠金檀」。

④當您個人的八字命格是『水』的五行最好的時候，可以選擇「墨玉晶檀」。

⑤當您個人的八字命格是『木』的五行最好的時候，可以選擇最稀有，珍貴的「翠玉青檀」。

木材有缺點嗎？那是針對一般的原料所說的，因此，不能以一般常見的平凡材質來代表一切，那將犯以偏蓋全的毛病，因此我們在印材上的選擇結論有三點：

㈠必須由個人的先天八字爲主體，判斷最適合個人五行，並依照這個前題選擇蘊含該能量的材質。

㈡高貴的木料除了可以達成前項的要求之外，具備氣力旺盛、不殺生、珍貴等各種優點，所以不愧是『印材之王』。

㈢「超能寶印」由於是供起來蓄積能量，並不使用，所以除了『印材之王』可以選用之外，半寶石類如水晶、吉祥寶玉、瑪瑙也是參考的標的。

談到這兒，感恩之情萌上心頭，感謝恩師傳授這麼重要的天機，也感謝衆多的貴人提供了筆者這麼多的印材選擇，從頭到尾，在上百種的木料當中淘汰不適合的材質，再經過不斷地測試才能有這樣的成果，由於自己孤漏寡聞，還有很多珍貴而且合用的印材，到目前爲止，並沒有接觸過，祈請不嫌棄的讀者能不吝惠告資訊，讓筆者能提供更多樣性，更完美的服務給有緣的客戶。

第二章　印面外形解析

坊間印面的外形相當多，尤其印章的玩家，會針對取得的印材原本的形狀來設計，所以變化多端。

開運印鑑的印面外形必須平整，沒有突出，沒有凸陷，而且各卦位所佔的面積不能有太大的差異，才不會有卦位所佔的面積有太大的差異，造成有卦位納氣不均的問題發生，另外，印章的外形不能妨礙字體的排列，更不能爲了適應外緣而將字體削邊或截角，因爲這將造成「破字」，印面損壞或邊緣斷裂稱爲「破印」，有破字或破印的情形要稱之爲開運印鑑實在有點勉強。

中國字絕大多數都是四四方方的，配合前面所談的前題，我們已經知道開運印鑑最好的印面，外形首推『正方形』了。

另外附帶說明的是讀者常有的疑問，那就是圓形的印章好不好？因爲圓形和錢幣的外形一樣，似乎有財源滾滾的味道，但是以中國字而言，要排在二分之一圓（姓氏）以及四分之一圓（名字）的區域實在相當牽強，所以有些部分會被切掉，使名字有殘缺的現象，因此除非自己名字筆劃數少，而且不方正，不然還是建議回歸到筆者所提的正方形。

第三章　開運印鑑的尺寸分析

印章尺寸在坊間的稱呼上是以「分」或「寸」爲之，所謂的一分，就是公制上的0.3公分，二分就是0.6公分，依此類推，一寸就是十分，也就是三公分。

至於尺寸的量取也非常容易，正方形以印面邊長爲基準，圓形則以直徑爲之，而高度便取最高點計算。

一般開運印鑑最常見的尺寸個人印多以「六分」或「五分」爲之，公司印則使用「一寸」印，印章高度同樣都是二寸（六公分）。

印章的本體是開運印鑑儲存能量的所在，蓄積了印面佈局以及加持之後的能量，因此，在向量的觀念裏，印材的尺寸再加大一些會比較好，所以我們歸納了幾點結論：

㈠在不影響美觀的前提下印面加大。

㈡爲了儲存更多的能量，而且不妨礙攜帶的實用性，印材高度加長到7.5公分至8

公分間。

(三)公司印由於字數多，加大尺寸到印面一寸二（3.6 公分）以上，而且爲兼顧能量的蓄積，印章外型與個人印相同，高度和前項相同，將發現不論印材或印面均呈現非凡的氣勢。

(四)女男平等，印章尺寸不做特別的區分，一律將印面加大在六分半至七分之間。

(五)「印材之王」在尺寸的增加上，擁有無與倫比的絕對優勢，不像其他印材在先天上的限制，可謂出類拔萃。

第四章　字體字形的探討

中國字的造字原則共有象形、指事、形聲、會意、轉注、假借六大種類，在字形的種類上又有甲骨、金文、古文、小篆、大篆、隸書、楷書等等，現今電腦普及，各種字體更是變化多端，琳瑯滿目，但大體而言，運用於印章的字體不外「正楷」、「隸書」、「小篆」、「印相體」這幾種，現今開運印鑑的風行，印相體（又稱吉祥體）大行其道，許多業者由於添購了電腦刻印的設備，以爲可以提供印相體雕刻的印章，也開始經營開運印鑑的業務，但是當客戶問到比較深入的問題，便有點心虛了。

開運印鑑在印面佈局的重點便是前面筆者所談的納氣、導氣的作用來增強個人八字的能量，因此，重點並不在於字體，只要設計得宜，完全掌握秘訣，便可以自由變換的，但不可諱言的，印相體除了擁有美觀的特色外，內部飽滿也是一大優點。

另外，反白的刻法（俗稱陰印）用於書法，國畫無，若要使用於開運印鑑是不適合的。

曾有讀者問筆者所使用的是哪種字體，或許稱之爲『八字用神體』吧！因爲在設計上融合了小篆、印相體、正楷的特性，又必須配合個人八字的喜用五行加筆或轉變導氣，所以同樣的字，針對不同的八字，也會有懸殊的結果，這在後面的設計實例上，便有詳細的分野。

第五章　印相邊緣解析

印相的領域裏，邊緣是一項重要的構成因素，類似個人的皮膚或陽宅的圍牆，一般的印章玩家，或水墨畫家，有一種「陰印」（見圖(一)陽印與陰印的比較），便不談邊緣，而陰印並不適用於開運印，主要的原因是主體薄弱的緣故，當然本文所談的，一律以「陽印」爲之。

開運印鑑的印邊要怎樣做呢？其實邊緣代表的是內部磁場與外部能量的分界線，因此厚與薄各有其不同的代表意義：

㈠邊緣厚：防衛性強、氣勢高，不易接受外來事物。

㈡邊緣薄：接納性強，易於調和。

所以，當您的行業可以形成市場的獨佔性而不求人時，邊緣厚些，也未嘗不可，只是在服務導向，而且競爭激烈的社會裏，選擇後者似乎衆望所歸，因此，在印面設計的時候，於邊緣不破損的前題下，當然愈薄愈好。

除此之外，在印章的四個角落最好修圓，以免有稜有角，除了比較不易損壞之外，也代表圓融與和諧（見圖(二)的比較）。

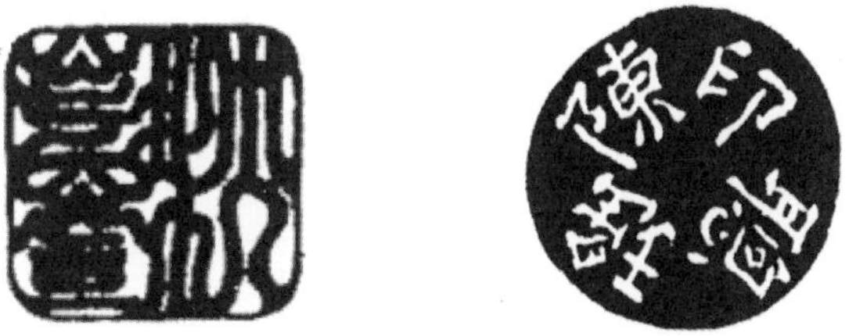

附圖(一)陰印與陽印比較圖。

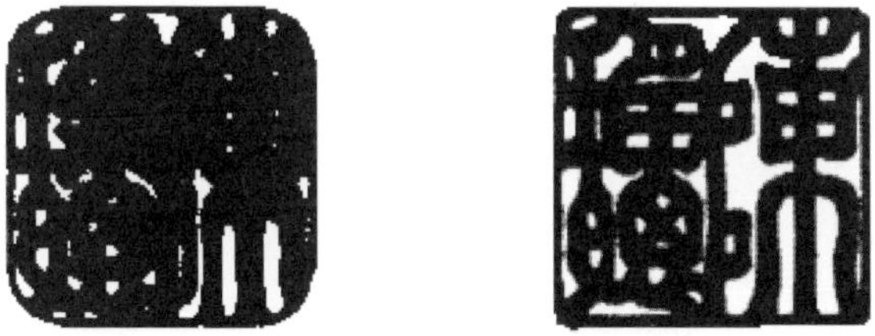

附圖(二)印章四個角有無修圓的比較圖。

第六章　方位天機

方位是開運印鑑相當重要的單元，也是想了解開運印鑑的讀者必須知道的課程，由於是重要的天機秘訣，所以也沒有人願意在書本上公開，現在筆者以不藏私的態度在本書說明，希望有緣的讀者可以因此獲益。

在一般人的觀念裏，區分方位只有八個，也就是八卦所分屬的位置（附圖㈠），固然是正確，但是在五行的屬性上就稍微有點不夠，其實眞正要用到開運印鑑，必須要在每個卦位再細分三等分，總計二十四個方位，這就是印相學上的『二十四天機卦氣方位』（附圖㈡），只要將這二十四個方位全部了解，再配合個人的先天八字加以佈局，便可以完成，所以可以說當您了解本單元，開運印鑑就懂一半了，請讀者參照附圖㈡，由最上方的離卦，筆者一個一個說明：

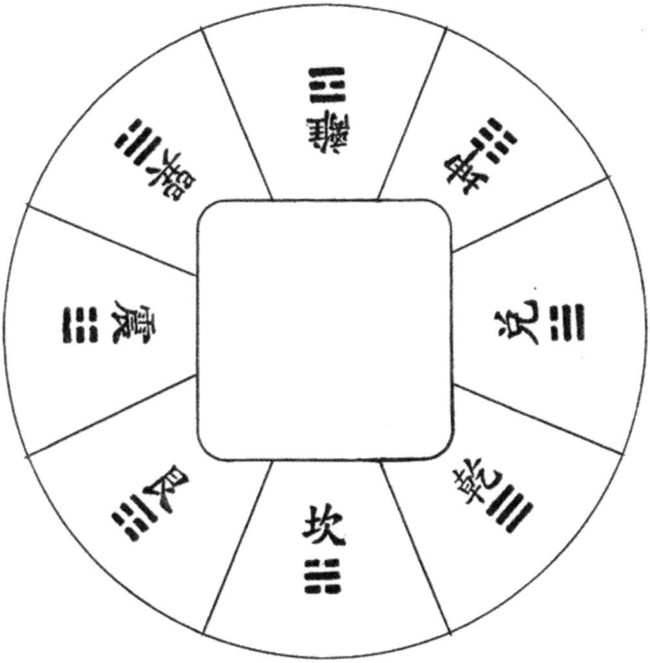

附圖(一)

這是後天八卦的印章定位圖，由於只有八個卦位，精細度不足，在印面佈局時必須以附圖(二)爲之。

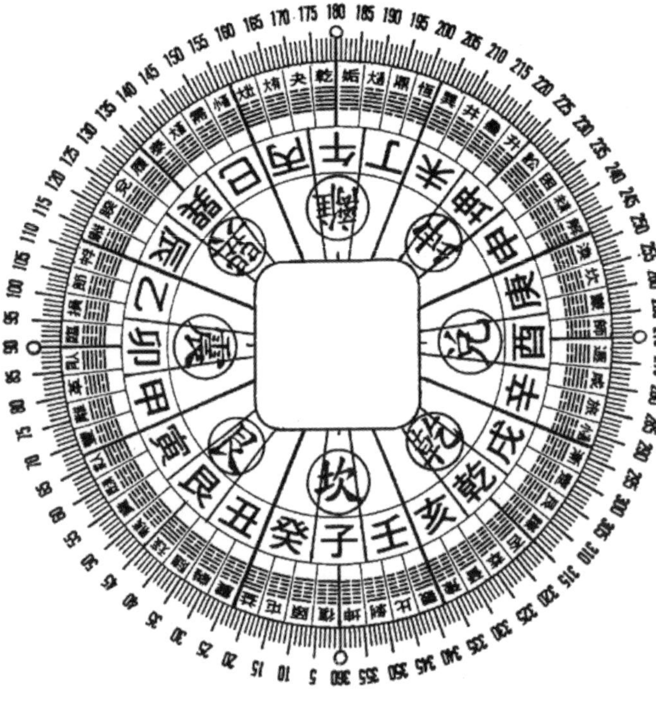

附圖(二)

印相學上的二十四天機卦氣方位圖，這二十四個方位各有其五行，要設計印面必須以此爲之，精細度才夠。若是您想要自行設計開運印鑑，可以將本圖影印放大後，直接在中央設計完成，交給刻印店處理，經過掃描、縮小，與印材尺寸相同後雕刻，可以得到自己設計的開運印鑑。

㈠離卦

五行屬火，在先天卦數上是乾卦的位置，是八個卦位中唯一五行屬火的方位，當個人八字喜用神是火的時候，就要在這個位置上加強，來提昇火的能量，達到氣機流通的效果，而離卦所涵蓋的三個天機方位，依照順時鐘方向，分別是『丙』、『午』、『丁』，依序介紹如左：

『丙』：位於離卦順起三分之一的地方，起頭和巽卦相鄰，圓周度數從157.5度至172.5度，在天干數的順序排第三位，五行屬火，爲陽火，並沒有其他五行的餘氣。

『午』：位於離卦正中央三分之一的地方，和其他的大卦並不相鄰，圓周度數從172.5度至187.5度，在地支數的順序排第七位，五行屬火，爲陰火，另外還有些微的餘氣是土，是出生在乙年（民國年數個位數爲4）的文昌位，也是生肖蛇、雞、牛、的桃花位所在。

『丁』：位於離卦最後三分之一的地方，末端和坤卦相鄰，圓周度數從187.5度至202.5度，在天干數的順序排第四位，五行屬火，爲陰火，並沒有其他五行的餘氣。

㈡坤卦

五行屬土，在先天卦數上是巽卦的位置，當個人八字喜用神是土的時候，可以在這個位置上加強，來提昇土的能量，達到氣機流通的效果，而坤卦所涵蓋的三個天機方位，依照順時鐘方向，分別是『未』、『坤』、『申』，依序介紹如左：

『未』：位於坤卦順起三分之一的地方，起頭和離卦相鄰，圓周度數從202.5度至217.5度，在地支數的順序排第八位，五行屬土，爲陰支數的順序排第八位，五行屬土，爲陰土，另外還有些微的餘氣是火、木。

『坤』：位於坤卦正中央三分之一的地方，和其他的大卦並不相鄰，圓周度數從217.5度至232.5度，五行屬土，並沒有陰陽以及其他的餘氣。

『申』：位於坤方最末三分之一的地方，末端和兌卦相鄰，圓周度數從232.5度至247.5度，在地支數的順序排第九位，五行屬金，爲陽金，另外還有些微的餘氣是水、土，是出生在丙年、戊年（民國年數個位爲5、7）的文昌位所在。

㈢兌卦

五行屬金，在先天卦數上是坎卦的位置，當個人八字喜用神是金的時候，可以在這個位置上加強，來提昇金的能量，達到氣機流通的效果，而兌卦所涵蓋的三個天機方位，依照順時鐘方向，分別是『庚』、『酉』、『辛』，依序介紹如左：

『庚』：依於兌卦順起三分之一的地方，起頭和坤卦相鄰，圓周度數從 247.5 度至 262.5 度，在天干數的順序排第七位，五行屬金，爲陽金，並沒有其他五行的餘氣。

『酉』：位於兌卦正中央三分之一的地方，和其他的大卦並不相鄰，圓周度數從 262.5 度至 277.5 度，在地支數的順序排第十位，五行屬金，爲陰金，並沒有其他五行的餘氣，是出生在丁年、己年（民國年數個位數爲 6、8）的文昌位，也是生肖猴、鼠、龍的桃花位所在。

『辛』：位於兌卦最末三分之一的地方，末端和乾卦相鄰，圓周度數從 277.5 度至 292.5 度，在天干數的順序排第八位，五行屬金，爲陰金，並沒有其他五行的餘氣。

㈣乾卦

五行屬金，在先天卦數上是艮卦的位置，當個人八字喜用神是金的時候，可以在這個位置上加強，來提昇金的能量，達到氣機流通的效果，而乾卦所涵蓋的三個天機方位，依照順時鐘方向，分別是『戌』、『乾』、『亥』，依序介紹如左：

『戌』：位於乾卦順起三分之一的地方，起頭和兌卦相鄰，圓周度數從292.5度到307.5度，在地支的順序排第十一位，五行屬土，爲陰土，另外還有些微的餘氣是火、金。

『乾』：位於乾卦，正中央三分之一的地方，和其他的大卦並不相鄰，圓周度數從307.5度至322.5度，五行屬金，並沒有陰陽以及其他的餘氣。

『亥』：位於乾卦最末三分之一的地方，末端和坎卦相鄰，圓周度數從322.5度至337.5度，在地支數的順序排第十二位，五行屬水，爲陽水，另外還有些微的餘氣是木，是出生在庚年（民國年數個位數爲9）的文昌位所在。

㈤坎卦

五行屬水，在先天卦數上是坤卦的位置，是八個卦位中唯一五行屬水的方位，當個人八字喜用神是水的時候，就要在這個位置上加強，來提昇水的能量，達到氣機流通的效果，而坎卦所涵蓋的三個天機方位，依照順時鐘方向，分別是『壬』、『子』、『癸』，依序介紹如左：

『壬』：位於坎卦順起三分之一的地方，起頭和乾卦相鄰，圓周度數從337.5度至352.5度，在天干數的順序排第九位，五行屬水，爲陽水，並沒有其他五行的餘氣。

『子』：位於坎卦正中央三分之一的地方，如其他的大卦並不相鄰，圓周度數從352.5度至7.5度在地支的順序排第一位，五行屬水爲陽水，並沒有其他五行的餘氣，是出生在辛年（民國年數個位數爲0）的文昌位，也是生肖豬、兔、羊的桃花位所在。

『癸』：位於坎卦最後三分之一的地方，末端和艮卦相鄰，圓周度數從7.5度至22.5度，在天干的順序排第十位，五行屬水，爲陰水，並沒有其他五行的餘氣。

㈥艮卦

五行屬土，在先天卦數上是屬於震卦的位置，當個人八字喜用神是土的時候，可以在這個位置上加強，來提昇土的能量，達到氣機流通的效果，而艮卦所涵蓋的三個天機方位，依照順時鐘方向，分別是『丑』、『艮』、『寅』，依序介紹如左：

『丑』：位於艮卦順起三分之一的地方，起頭和坎卦相鄰，圓周度數從22.5度至37.5度，在地支數的順序排第二位，五行屬土，爲陰土，另外還有些微的餘氣是金、水。

『艮』：位於艮卦正中央三分之一的地方，和其他的大卦並不相鄰，圓周度數從37.5度至52.5度，五行屬土，並沒有陰陽以及其他的餘氣。

『寅』：位於艮卦最後三分之一的地方，末端和震卦相鄰，圓周度數從52.5度至67.5度，在地支數的順序排第三位，五行屬木，爲陽木，另外還有些微的餘氣是火、土，是出生在壬年（民國年數個位數爲１）的文昌位所在。

㈦震卦

五行屬木，在先天卦數上是屬於離卦的位置，當個人八字喜用神是木的時候，就要在這個位置上加強，來提昇木的能量，達到氣機流通的效果，而震卦所涵蓋的三個天機方位，依照順時鐘方向，分別是『甲』、『卯』、『乙』，依序介紹如左：

『甲』：位於震卦順起三分之一的地方，起頭和艮卦相鄰，圓周度數從67.5度至82.5度，在天干數的順序排第一位，五行屬木，爲陽木，並沒有其他五行的餘氣。

『卯』：位於震卦正中央三分之一的地方，和其他大卦並不相鄰，圓周度數從82.5度至97.5度，在地支的順序排第四位，五行屬木，爲陰水，並沒有其他五行的餘氣，是出生在癸年（民國年數個位數爲2）的文昌位，也是生肖虎、馬、狗的桃花位所在。

『乙』：位於震卦最後三分之一的地方，末端和巽卦相鄰，圓周度數從97.5度至112.5度，在天干的順序排第二位，五行屬木，爲陰木，並沒有其他五行的餘氣。

(八)巽卦

五行屬木，在先天卦數上是屬於兌卦的位置，當個人八字喜用神是木的時候，可以在這個位置上加強，來提昇木的能量，達到氣機流通的效果，而巽卦所涵蓋的三個天機方位，依照順時鐘方向，分別是『辰』、『巽』、『巳』，依序介紹如左：

『辰』：位於巽卦順起三分之一的地方，起頭和震卦相鄰，圓周度數從 112.5 度至 127.5 度，在地支數的順序排第五位，五行屬土，為陰土，另外還有些微的餘氣是水、木。

『巽』：位於巽卦在中央三分之一的地方，和其他大卦並不相鄰，圓周度數從 127.5 度至 142.5 度，五行屬木，並沒有陰陽以及其他的餘氣。

『巳』：位於巽卦最後三分之一的地方，末端和離卦相鄰，圓周度數從 142.5 度至 157.5 度，在地支數的順序排第六位，五行火，為陽火，另外還有些微的餘氣是土、金，是出生在甲年（民國年數個位數為3）的文昌位所在。

前面筆者將八個大方位以及每個大卦所屬的三個方位做了相當詳細的介紹，這些方位所蘊含的五行，是學習開運印鑑非常重要的基礎，當您有了這個部分的認知以後才能夠設計接點，以及名字的佈局，若是您覺得有點困難，可以參照附圖㈡的圖解，自行將各個方位的五行做了詳細的標示，在設計的時候可以將這個圖拷貝下來，便可以有個很好的依循模式。

第七章　印面納氣的天機樞紐——接點的佈局

在前面的章節，筆者針對各個方位做了相當詳盡的五行及陰陽解析，想必讀者已經瞭如指掌，而這二十四個方位我們要如何運用呢？答案就在本章節——接點的佈局。

在前面的圖示裏，我們知道『物物一太極』的觀念，也就是印章中間涵藏著運轉不息的太極，這個太極先感應各方位的能量，而後再將所收集的氣場傳給印章主，這就是整個印面的重要天機。

基於前段所談的秘訣，我們在運用上便要好好地利用『接點』來增強印章的能量，由於接點直接依附在印章邊緣，所以產生「吸納」與「傳導」的效果，直接將各方位的干支與所蘊藏的五行傳入整個太極當中，所以懂得好好運用接點，便掌握了開運印鑑的天機，簡單地來講，接點的運用重點如左：

(1)配合個人八字，以個人八字為主，在個人的喜用五行方位與較好的干支所在處設計接點，納入設方位的能量。

(2)卦位不可空缺，這是因為八個大卦若是有某個卦位不佈接點的話，將會有「缺卦」的問題產生，與陽宅學上房屋平面不可有空缺的狀況是一樣的，但是在設計上又會和前項有矛盾，其實解決的方式十分容易：

①方位五行不合的話，接點應該要減少，最好不要超過兩個。

②選擇可以轉化五行的干支所在。

③選擇餘氣還能適合自己五行的方位。

④將接點佈在兩個小方位之間的分界線上。

⑤善用最近且合宜的五行方位，巧妙地運用設計的訣竅來「導氣」，這點可參考後面的設計實例。

總而言之，接點可以說是印章的「竅門」所在，好比陽宅學的「氣口」，是整個陽宅的樞紐一般，經由本篇的說明，想必讀者對於自己設計開運印鑑的能力已向前跨了一大步。

第八章　開運印鑑的雕刻

科技的日新月異，可以說是一日千里，早期刻印，完全靠手工雕刻，之後機器的發明使用馬達，再進一步運用光電感應已經十分進步，而今，在電腦程式的普遍運用下，刻印已經完全電腦控制了。

以開運印鑑而言，目前不外三種雕刻方式：

⑴**完全手工，不假手機器**——這樣的方式非常少見，畢竟現在會刻印章的人不多，而且刻印是一件非常辛苦，耗費體力的工作，一個不小心，經常容易失敗，目前有不少業者以此做宣傳，眞假如何暫且不論，只是雕刻者若處在相當的背運時期，或身上帶著晦氣、喪氣、病氣、淫氣的話，這種能量灌注到印鑑當中產生什麼結果，實在值得商榷。

⑵**完全靠機器**——藉由電腦程式，從印面佈局到完成，全靠一指神功，這是絕大多數的業者所採用的方式，尤其印材是石頭類的業者唯一的選擇。

(3)半機器半手工——先用機器刻出較淺的印面之後，再以人工加深，創造底部不平整的感覺，這種折衷方式是業者的宣傳方法。

這二種雕刻方式到底哪一種最好呢?或許每個人都有一套看法，而且可以分析得頭頭是道，但這並不是關鍵所在，因爲開運印鑑的天機在於以下三大要項：

(一)印材的選擇要配合個人先天八字的喜用神。

(二)印面佈局必須依照字形字體的變化，在天機二十四方位以及六十四卦中佈局，依照導氣、納氣的眞訣，使印面太極蘊含並放出個人最佳的能量。

(三)淨化、開光、加持的特殊法門灌入無形靈動力，使有形加無形的能量充分發揮。

但前面所用的方式，仍然有一些實務上的盲點，那是在印面二十四方位的精密度上，因爲目前的電腦程式並沒有這個方位圖，更談不上五行的提供與六十四卦的位置，而全靠手工的話，印章面那麼小，偏差在所難免，不過科技仍然可以解決問題，目前實務上最好的方法是印面設計靠手工佈局，完成的圖面再經過掃瞄由電腦刻出來，完全呈現設計的成果，毫不失眞，方位更不可能有所偏差，只是這樣做非常辛苦，因爲一個印面的佈局繪圖所耗費的時間超過兩個小時，雕刻時的修整也不是一件容易的事，但只要程式設計者將天機二十四方位加入，便可以得到比較好的解決。

第九章　開運印鑑的淨化

雕刻完成的開運印鑑已經具備了印面納氣的天機，爲了使印鑑本身的靈動力更強，必須予以開光加持，但開光加持之前，我們必須注意這個印章從而材的取得，到現在的完成過程中，經歷了漫長的旅程，放置過相當多的處所，也不知道有多少人碰觸過，因此本身可能有晦氣或其他不乾淨的磁場，由於印章刻著自己的名字，所以即使不是開運印鑑，也必須踐行一個重要的工作，那就是——『淨化』。

淨化的方法很多，但不外「咒語」、「符令」、「薰香」幾大類，其中以「薰香」最簡單，方法是點檀香木或檀香末，產生嬝嬝香煙，再將印章拿在手上旋轉，使檀香煙接觸印章的每個部分，周而復始，時間必須超過五分鐘，便達到淨化的效果，這是讀者最容易運用的方式，現有的印章或是其他的物品也可以比照辦理。

第十章　開運印鑑的加持

經過淨化的印章，已經去除了一切不好的晦氣與雜氣，接著是印面佈局之外的一項大重點——加持

加持是開運印鑑相當重要的步驟，關係著靈動力的強弱，若想要得到比較強的能量，最好能夠擇取旺日爲之，因爲藉由天星與地氣的作用，可以感應更強的磁場，至於擇日的秘法，筆者詳細記載在《擇日催發自己來》一書當中，不需什麼基礎，也不必特別的背記，由知青頻道出版，紅螞蟻圖書有限公司總經銷，保證讓您成爲擇日館館主。

加持的方式各門各派有其特殊的法門，卻也是刻印業者要發展開運印鑑最大的盲點所在，在此，筆者要介紹一項非常簡單而且容易運用的加持法門：

準備唸珠一串，以壹百零八顆的唸珠爲之，每天以唸珠加持唸佛聖號或咒語，跟一般唸佛完全相同，最少十圈，連續一星期之後，將唸珠纏繞在印章上，讓印章感

應，接受佛珠的能量，時間大約一晝夜即可，爲了讓開運印鑑持續效果，兩個月可以重覆一次，這個方法一舉數得，也可以用在開運名片。

第十一章　開運印鑑的保存與攜帶

精選配合個人八字的印材，經過巧妙的印面佈局之後，我們將印章淨化與加持，我們得到名符其實的開運印鑑，對於個人運程的提昇有莫大的助力，當然，在擁有開運印鑑之後，印章的保存也是相當重要的課題，這個重要的項目往往被一般人忽略。

製作完成的開運印鑑必須以「印章套」來保護印面，這是最基本的工作，至於印章保護的方式不外以下幾種：

一、抽取式塑膠盒
二、錦盒
三、皮套
四、錦囊
五、其他如木盒、竹盒等等

在這些容器當中以塑膠盒、皮套以及錦囊攜帶較方便，但是皮套有殺生的問題，塑膠盒的保護性欠佳，所以，錦囊是開運印鑑最佳的選擇，而「超能寶印」由於本身並不帶在身上，所以錦盒是不二之選。

一個好的錦囊除了外觀要漂亮，內部更要製作襯墊之外，還有兩個重要的秘訣：

一、布料的顏色一定要配合印章的五行，換言之，就是必須以個人先天八字的喜用五行爲主，這點和印材相互呼應。

二、錦囊上方開口的緞帶要用五行線（具備「木」、「火」、「土」、「金」、「水」五種顏色）或用與布料相同的顏色製作。

安放於錦囊的開運印鑑最好經常攜帶，可以更容易感應到印章本身所散發的能量，對個人命局的提昇作用力更強。

第十二章　超能寶印——開運印鑑之王

在前面開運印鑑的內容裏，筆者曾經提到『超能寶印』這個名稱，讀者一定不太明白，因爲有點陌生，所以筆者特別提出來說明來滿足讀者知的權利，讓您知道「超能寶印」是什麼？

一、**印面佈局**：以同一個名字，相同的八字，超能寶印與開運印鑑可以說是完全一樣。

二、**加持法門**：超能寶印的加持法門比開運印鑑更殊勝，必須有足夠的因緣才能夠完成。

三、**保存方式**：超能寶印放置在特製的錦盒當中，並選擇家中的乾淨所在（神位或房子的旺方更好）放置，而開運印鑑是裝在五行錦囊當中，跟著個人走。

四、**使用性**：開運印鑑是拿來用印，而且經常使用更好，超能寶印則是供起來蓄積能量，所以並不拿來蓋印。

五、**提昇效果**：對於個人能量的增強與運程的催發，超能寶印大約是開運印鑑的四至五倍。

六、使用姓名：開運印鑑無論如何必須使用本名，也就是身分證或戶籍謄本上記載的名字，超能寶印則可以使用偏名、旺名，增加能量，所以有許多名字已經改過，沒辦法重新辦理更名的人，或是喜歡自己本名，但名字能量不強的人往往以較強的偏名製作超能寶印來補強這方面的不足，一箭雙雕，使超能寶印的作用範圍更大了。

七、印材選擇：開運印鑑使用印材之王——高檔木料，而超能寶印除了與開運印鑑相同之外，還多了玉石、水晶也可以考慮。

八、主體對象：開運印鑑每個人都可以刻，超能寶印則必須先看先天八字再做評估，不是每個人都能夠擁有。

由於法門殊勝，所以在台灣能夠提供類似服務的人寥寥可數，而且大多以開運印鑑稱呼，而「超能寶印」是筆者爲了區別所給的名稱，爲了保護智慧財產，特別鄭重地向經濟部智慧財產局申請服務標章註册在案，享有專用權，因此除非經過授權，不然即使有類似的產品，也不能使用這個名稱。

第十三章　開運印鑑設計實例

福主：蘇筠珊小姐

福主是筆者陽宅班學員的千金，現就讀於某技術學院，深受父母疼愛。

福主的先天八字屬於「正財格」，五行之中以「火」最好，「土」、「木」也有相當的助力，在印材上選擇生長速度最慢，紋理最細緻的「紫晶玉檀」，在印面佈局上利用巧妙的導氣方式在乾方以及坎方做了變化，以避開不適合的五行方位，請參照「接點的佈局」後面第五點的秘訣，洩漏給讀者。

龍琳居士　超能寶印／開運印鑑　設計實例

□超能寶印

□開運印鑑

□開運雙寶印璽

木	火	土	金	水

貴人：丑	驛馬：寅	桃花：子	文昌：卯

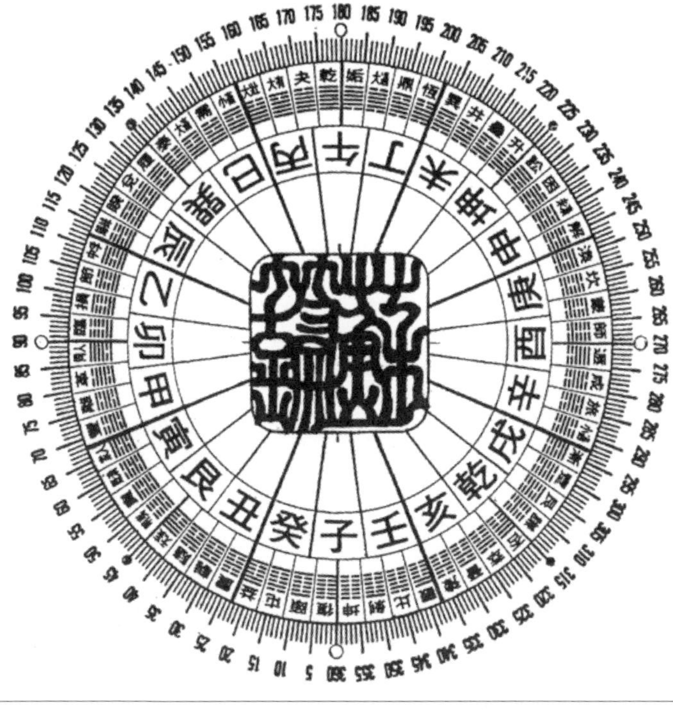

開運印鑑設計實例

福主：葉長庚先生

福主是筆者的客戶，是一位非常出色的媒體工作者，為人相當正直，而且貴氣頗高。

福主的先天八字是屬於「建祿格」，五行以「水」、「金」最好，在印材選擇以「水墨玉檀」為之，印面佈局必須克服字體以及接點，所以在葉字的上方筆者做了特殊的安排。

龍琳居士　超能寶印 開運印鑑　設計實例

□超能寶印 □開運印鑑 □開運雙寶印璽	木　火　土　金　水
	貴人：申　驛馬：寅　桃花：午　文昌：巳

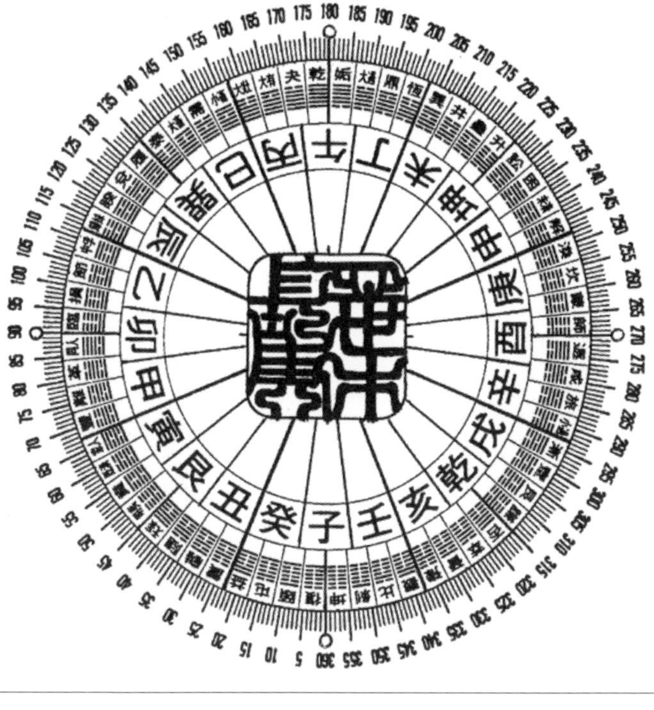

開運印鑑設計實例

福主：宋坤霖先生

福主是某補習班的負責人，由於業務上與文昌息息相關，筆者特別將本書的流年文昌告訴老師，宋老師再將這個法寶教給每位家長，成爲補習班的特色，深受好評。

福主的先天八字爲「食神格」，五行以「土」最好，「木」、「火」也都有助力，在印材選擇以最高貴的「琥珀香檀」爲之，在印面佈局上，「宋」字下方及「霖」字都有特別的設計，請仔細端詳，便知其中奧妙。

龍琳居士 超能寶印 開運印鑑 設計實例

□超能寶印 □開運印鑑 □開運雙寶印璽	木　火　土　金　水 貴人：午　驛馬：寅　桃花：子　文昌：酉

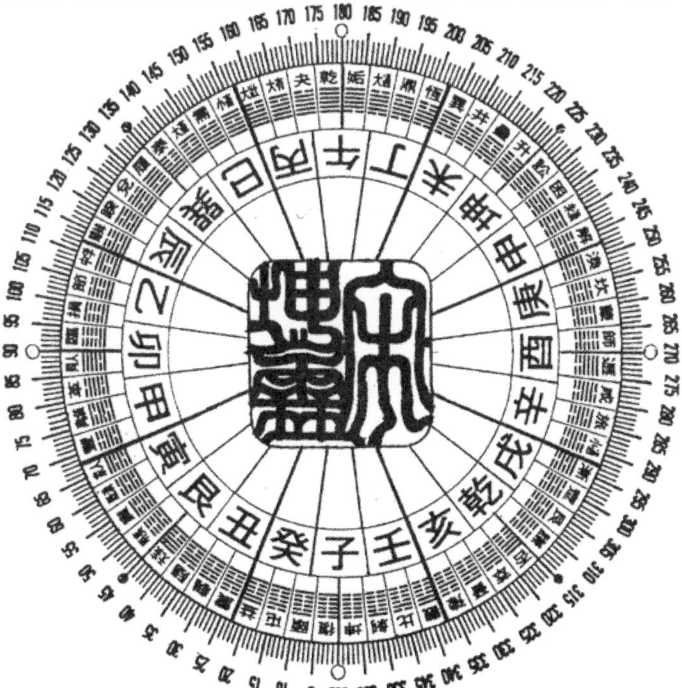

開運印鑑設計實例

福主：林哲茂先生

福主是位奉公守法的公務員，任職於農委會所隸屬的機構，由於業務與時勢有關，目前可以說是當紅的單位，累積工作上三十餘年的專業能力，又位居要職，大可一展長才。

福主的先天八字爲「食神格」，五行以「土」最好，「木」、「火」也不錯，在印材選擇是「以兩計價」的琥珀香檀，印面佈局必須運用天機導氣法，從「林」字下面的設計便可看出端倪。

龍琳居士　超能寶印 開運印鑑　設計實例

□超能寶印

□開運印鑑

□開運雙寶印璽

木	火	土	金	水
貴人：未	驛馬：巳	桃花：酉	文昌：子	

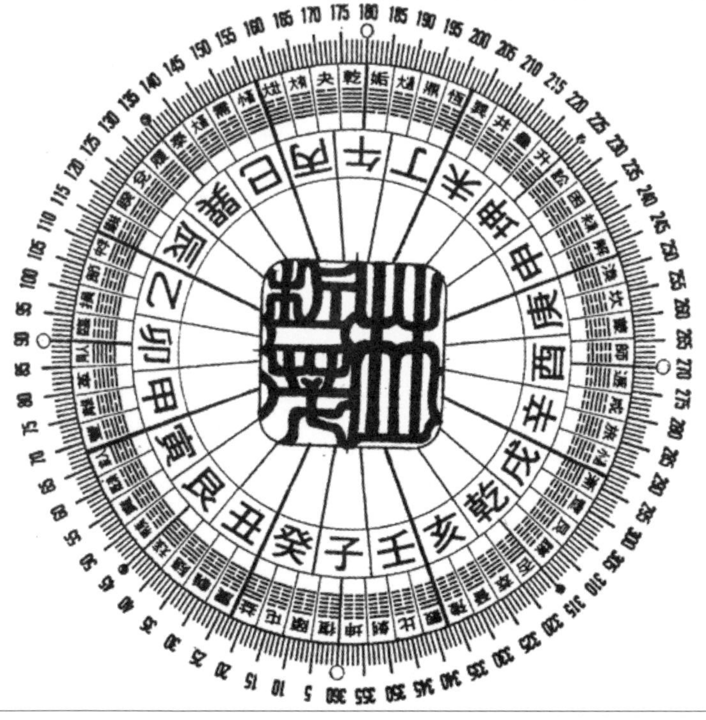

開運印鑑設計實例

福主：楊雪麗女士

福主與夫婿蘇先生經營製香業，由於家傳秘方以及精益求精的研究精神，所做出來的產品廣受肯定，事業蒸蒸日上，夫婦十分熱心地幫筆者找到令人愛不釋手，溫潤細緻的「墨玉晶檀」，但是由於產量不大，且這種木材生長緩慢，材積小，取料不易，所以大約百分之八十左右的損耗，成本相當昂貴。

福主的先天八字是「食神格」，五行以「水」最好，「金」、「木」亦佳，在印材選擇剛好是「墨玉晶檀」，眞是無巧不成書，印面佈局在「楊」字的特殊設計可以看出來。

龍琳居士 超能寶印 開運印鑑 設計實例

- □超能寶印
- □開運印鑑
- □開運雙寶印璽

木	火	土	金	水
貴人：丑	驛馬：巳	桃花：午	文昌：亥	

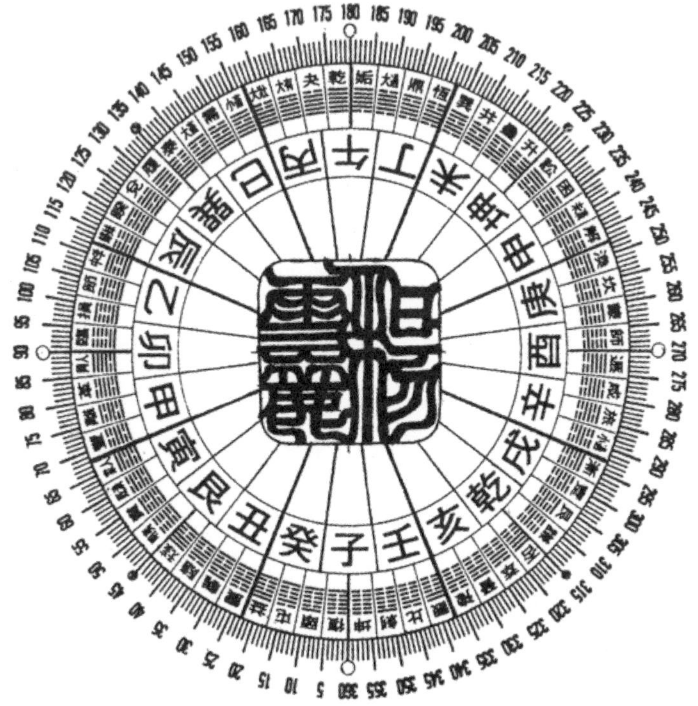

開運印鑑設計實例

福主：洪文正先生

福主現在是某個印刷廠的負責人，筆者曾經爲福主做陽宅佈局的服務，原先水族箱放置錯誤，導致破財，現在已經調到正確的位置，而且是「文昌銜筆」局兼「照神水龍」局，此外，福主名字能量不強，特別取了旺名來做超能寶印。

福主的先天八字是「偏印格」，用神以「火」最佳，「土」、「金」也不錯，印材挑選「紫晶玉檀」，印面設計仍然免不了要特殊的導氣，這從「洪」字的下方即可看出來。

龍琳居士　超能寶印 開運印鑑　設計實例

□超能寶印	木　火　土　金　水
□開運印鑑	貴人：午　驛馬：申　桃花：子　文昌：午
□開運雙寶印璽	

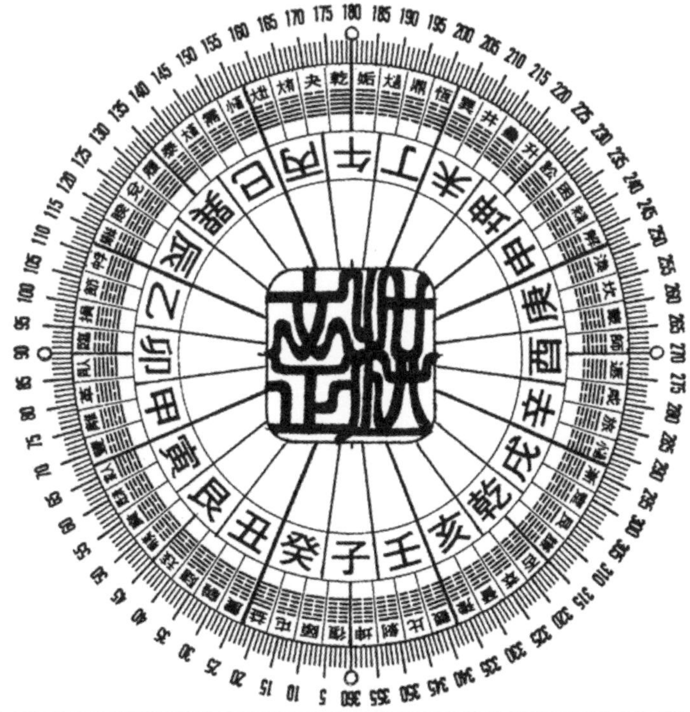

第十篇

佳吉屋好運來

住吉屋好運來

自古以來，先人卜吉地而居是一件相當重要的大事，即使在幾千年後的現代人也非常注重，因爲要蓋個房子或是買個房子並不是那麼簡單，尤其在房地產景氣退燒的時候，一個有大缺點的房子簡直是燙手山芋，賠錢賣心在淌血，慘的是乏人問津更是令人氣結。

陽宅對我們眞的那麼重要嗎？答案是絕對肯定的，主要的原因是房子本身秉受內外的能量，形成一個特殊的太極磁場，個人住在裏面，自然而然感受這個能量，而產生吉凶禍福的應驗，所以曾經聽到某些人的主張，認爲租房子不用看陽宅，因爲房子不是自己的，其實租房子的人更需要找個好陽宅，因爲很有可能「代人受過」，那不是很冤枉嗎？

另外，看陽宅也千萬不能隨便找個地理師，因爲掌握眞訣與使用僞訣有天壤之別，在服務內容上，認眞的地理師除了現場的工作必須仔細說明外，還要實際量取尺寸，回家後轉繪百分之一比例的平面圖，運用「八方太極定規」將房子本身八個卦位放射出來，如此，每個卦位所佔的區域分毫不差，福主可以一目了然（房屋平面圖的繪製秘訣與八方太極定規可見拙作『陽宅秘訣大公開』一書，有十分詳盡的介紹說明），更重要的是各個卦位的五行卦氣、天星、山盤、向盤完全不同，運用玄空佈局與玄空拆解秘法，在不同的卦位放置不同的物品來佈局，使宅能量催到最高，除此之外，所製作的陽宅圖還要影印留底，以便客戶有疑問的時候可以對照諮詢，只是願意提供這麼完整服務的地理師太少了，福德因緣不足的人除了請到庸師白花錢之外，還會聽錯建議無端受災，更慘的是請到邪師，被玩弄於股掌之間，花錢又找罪受。

本篇以實際的相片解說提供陽宅的鐵則，讓您容易了解，以便趨吉避凶，達到開運的目的。

接財法則

在陽宅巒頭準則裏，開門有一個特殊的方法，當房子所面對的道路不是平的而有落差時，應該要詳細審視來決定開門位置。

㈠當道路左邊高、右邊低時，大門應該要開在右邊，這是『左水到來，右手接財的局勢』。

㈡當道路右邊高、左邊低時，大門應該要開在左邊，這是『右水到來，左手接財的局勢』。

本圖的店面留設了兩個出口，但是使用上似乎注重右門，與前面所講的準則相反，十分可惜』。

案星局勢

在自己的房屋正前面，若是有房屋比我們低的話，這樣的房子就是我們的「前案」，又稱爲「案星」，若是陰宅，就叫做「案山」，這樣的局勢是有利的，因爲案星主官貴，權威，對求學也有幫助，是不可多得的局勢，但是當前案的空地改建以後反而比我們高的時候，就反客爲主，此一時彼一時。

白虎開口局

這是相當特殊的陽宅，俗稱「白虎開口」，一般人只當作是建築造型而已，在陽宅上當正前方有這類的建築時，最好避開，以免流年引動發生應驗、制煞、鬥煞雖然是方法，但總非上策，不過若是上方開口的地方用玻璃封起來的話，就改善很多了。

道路過高之局

本屋由於道路的開闢，已將路基墊高，造成房子低於路面的缺失，容易有氣機不通的剋應，造成腳部的疾病，另有溫氣重，呼吸系統的毛病。

在構造上，將三合院的前明堂加蓋，房子的立極就和三合院不同，氣勢也不一樣，必須以全部當做一個單位來看，才不會有失之偏頗的情形產生。

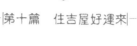

縢蛇與迴旋煞

人行天橋是現代道路上常見的設施，最大的影響處在橋面，其次是上下樓梯，現今天橋規劃爲減少影響面，大多採取縮小空間的設計，當迴旋狀的梯面橫亙在房子前面，有的地理師稱之爲「迴旋煞」，有的稱「縢蛇」，都是陽宅上的缺點，應該避之爲吉。

防微杜漸

在以往的三合院以及四合院，由於建材相當容易引來植物的附生，產生「木剋土」的現象，因此十分注意，反而現在鋼筋混凝土的建築卻少了檢查的功夫，往往造成不良的事端，因此，筆者特別呼籲，若是房子有植物攀附的話，一定要予以去除，不可以放任繼續生長，以免聚氣過久而引動了剋應才好。

隔空洩氣局

蓋在公共車道上方的陽宅並沒有類似「路沖」的缺點，但本身的能量是比較難蓄積的，肇因於地下室的車輛進進出出，產生氣動，使得宅能量跟著流失，違反「藏風蓄氣」的原則，某些地理師稱之為「隔空煞」，實在還沒有那麼恐怖，因為嚴格來講不能稱作「煞」，稱為「隔空洩氣局」來得貼切些。

水塔論述

現代的房子，通常有兩個水塔（水箱）一個安排在樓下或地下室，平時接收水公司所傳送的自來水，當頂樓無水可用時，再把樓下的水箱抽上去，當水箱放置在室內時，必須注意吉凶方，而且必須符水法的原則，若是安排在室外，也是一樣，而當無法兼顧時，爲了減少不利的作用，必須維持不滴水，不留設水龍頭，蓋子蓋好，才不會產生陰陽失調的破財剋應。

樓梯傾洩局

這是某個商業廣場的店面，由於這個商業廣場將一樓以及二樓都規劃成店面的用途，因此二樓勢必安排藉由公共樓梯才可以到達，而面對這個公共樓梯的單位便有些許的缺點，主要的原因是「洩氣」，而不是「路沖」，但假如這邊來往的行人相當多，而且都是由這個樓梯往上的話，情形是會改觀的，因爲人氣夠強，對陽宅能量的提昇有著相當的幫助，所以地理師在相宅的時候，針對改變宅能量的其他因素也要完全掌握，才不會有偏差的情形產生。

樓梯阻氣

這是某個商業廣場其中的一個店面，由於這個廣場樓上也是店面的規劃，而地下室的是停車場的設計，因此必須設計樓梯加以連貫，爲了增加造型美感，還特別設計成圓形，十分好看，但卻落在這個店面前方，造成陽宅的阻氣現象，除非這個樓梯有相當多人使用，將可以發揮「人氣取代阻氣」的作用，不然這種建物的阻氣仍然是本店相當大的缺點。

亂石探討

在陽宅上，有所謂的「破山」，又稱爲「磊落煞」，最怕造成眼疾的剋應，古訣：「離方巉巖而損目」，同時破山也不能當靠山，本圖可以看到施工的地方堆了亂石堆，這和破山是沒什麼兩樣的，不過幸好工程時間都不會太久，要造成流年的引動機會較低，若是不巧工程拖了好幾年，就必須注意問題的發生了。

避直沖還是阻氣

「路沖」的觀念由於十分容易明白，而且一聽就懂，在一般人的心中可以說是朗朗上口，由於大家都覺得路沖太可怕了，漸漸地，也形成了相當多的觀念亂飛，造成牛頭不對馬嘴的情形，像一般有前院的房子，常有人認爲庭院的出入口不能與整個房子的大門呈現一直線，說這樣氣太強了，而衍生了像本圖必須轉彎兩次才可以進門的設計，其他類似的規劃不勝枚舉，也難怪不知道精髓的一般大眾發現每個地理師的理論不一樣而莫衷一是，其實眞訣只有一種，端看印證度如何而定了。

山形殘破——磊落煞

這是人爲開發，採取土石的傑作，成爲陽宅學上的「破山」，又稱爲「磊落煞」，陽宅若是收到這樣的能量是非常不好的？尤其是在八卦的離方，剋位最爲明顯，易有視覺方面的毛病（白內障、視網膜病變等問題），嚴重的還會引動心臟、血液、循環系統的疾病，最好的解決方法是讓破山長滿綠色植物，但是談何容易。

木剋土

在各種五術的基礎裏，木、火、土、金、水是所謂的五行，五行之間，彼此有相生與相剋，其中有一項是「木剋土」。

由本圖，可以看到一棵不小的樹幹緊緊地靠在牆邊，這樣的陽宅局勢並不好，因爲水泥不會因爲時間的經歷，而增加強度，而樹木的卻會不斷地生長、茁壯、樹根也不斷地向下、向四邊發展，一段時間以後，牆壁必定受到破壞，產生裂縫甚至傾倒，而且地基也將受到影響，這就是「木剋土」的效應，因此，在植栽的時候，一定要和房子保持一些距離，而且相對位置也不可以造成形煞，以免造成傷害。

雙探頭局

在古代的典籍上，有記載著一句話，相當得到印驗：「碧本賊星，怕見探頭山位」，這是「形理合參」的看法，尤其是陰宅，若是有探頭山的話，子孫多半會有偷盜的問題。

陰宅有探頭山，陽宅有「探頭屋」，容易在流年到臨的時候遭受盜匪之苦，像本圖非常特殊的是本圖的探頭屋不只是一棟而已，而是不同的兩棟房子，造成「雙探」的形勢，剋應在小偷光顧的現象接續發生，可以說是應接不暇，不過幸好前面的房子蓋高就沒事了，但是卻免不了要一些等待的時間。

側方壓迫煞

在兩樓的房子側面，矗立了十幾層的大廈，而且距離十分接近，光從相片看，就覺得壓力相當大，好像有虎視眈眈的感覺，這也是一種「壓迫煞」，一般人總認爲壓迫煞是在正面才算，其實側面也是，學習陽宅者不可不知啊！

內明堂阻氣

這是某個便利超商的擺設，可能由於地方太小或是爲吸引顧客而將早餐吧擺設在大門入口處，卻造成了內明堂阻氣的缺失，無形中使財氣不易引入，雖然不是凶象，卻有很大的影響，因此，任何房子在擺設或裝潢時，應該特別注意不要有明堂阻氣的狀況以及其他的巒頭缺失才好。

斜梯阻氣

本圖是一個商業廣場的規劃，整個廣場共有六十幾個店面，為了各店面的聯絡方便，特別設計了幾個斜飛而過的樓梯，確實拉近了距離，但也造成了某些店面的阻氣問題，猶如人行天橋的階梯一般，十分可惜，因此，在選擇商場的店面時，最好要請高明的地理師提供建言，若是在規劃時，能夠有具備設計能力的地理師參與，將會使建商減少售屋阻力，更可能因此增加數倍獲利，只可惜在蓋完了房子，仍然一片蕭條，後悔不已的建商或買主，比比皆是啊！

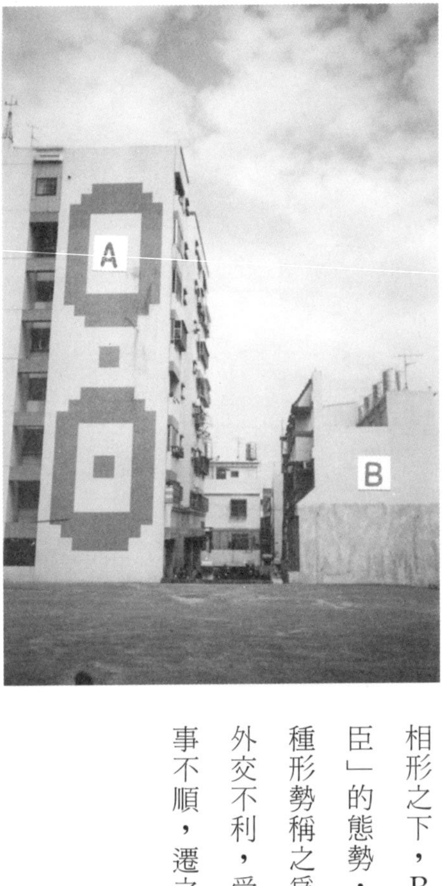

俯首稱臣

此圖可明顯看出A棟爲八樓公寓，B棟卻僅有二樓高，相形之下，B棟頗有「俯首稱臣」的態勢，以陽宅而言，此種形勢稱之爲「壓迫煞」，主外交不利，受欺侮，倒帳，諸事不順，遷之爲良矣。

祥龍擺尾？瑞虎昂首？

這是一個特殊的房子，由於地形的關係，除了圖面右側的主建物以外，在圖左側另外衍生了相連的建物，使得房子的平面呈現了「L形」的狀態，在陽宅上，L形的房屋比起方方正正的房屋有不少的缺點，而某些地理師爲了取悅主家，會稱呼爲「祥龍擺尾」，或「瑞虎昂首」（因爲在虎邊的關係）來對這種特殊局勢命名，可是，卻改變不了太極平面圖是L形的缺失。

電桿穿心

電線桿橫亙在房子前面，造成出入不方便是一大缺點，另外也構成了陽宅的形煞之一——「穿心煞」，是相當差的狀況，容易在凶星流年加臨時產生不好的事端，最好的處理方法是向電力單位申請，把電線桿移到兩間房子的交界處，便可以得到相當多的改善了。

獨立屋聚氣力較弱

獨立的房子由於旁邊缺乏衛護，因此蓄氣能力較不像一般房子那麼完整，而圍牆的興建有助於蓄氣，但是也僅對一樓有作用而已，可以說是聊勝於無，而當房子所居住的人數眾多，造成人氣旺盛的時候，也有相當的彌補作用，所以陽宅的確應該全盤匯總才可以掌握一切。

蓄氣爲上

房子大門一定要開「龍邊」嗎？其實不然，門要怎麼開，必須要衡量來氣，聚氣的口訣，另外配合各區域卦氣的吉凶，陰陽零正，以及吉星或凶星的飛臨來決定，因此，若是沒有藉重羅盤的度量以及平面圖的繪製來確定位置是不會精準的。

本屋在來氣的保留有特殊的做法，就是入口大門旁邊的矮牆設計，堪稱一絕。

風刀煞

兩個房子之間若是有個夾縫的話，便形成陽宅所謂的「風刀煞」，在衆多的形煞裏面，風刀煞的地位是不容忽視的，風刀影響所及不僅是正對面而已，正後方也同樣產生作用，所以絕對不可以小看，像本圖在風刀煞後面的房子便蒙受其害，所以學習陽宅若是能夠了解原理與精髓，得到明師的指點，傾囊相授，要成爲高手，並不困難。

金形山

房子後面有眞正的山巒，是相當好的靠山，尤其是當山形呈現圓形屬金，是有「旺官」的作用，呈現梯形屬土，有「旺財」的作用，但是山巒不管是前案或靠山左砂、右砂，一定要有綠樹才行，崩落的山壁或是怪石磷峋都不是好象，可見水土保持和風水也是有密切的關連性。

金型屋

房屋造型也有五行的分別，結論如左：

木型屋——筆直長方形

火型屋——尖形、三角形

土型屋——正方形

金型屋——圓形

水型屋——波浪形

金型屋是比較受到歡迎的，主要的原因除了造型好看以外，在陽宅上，金型屋還有旺官的作用，文貴、武貴都有幫助，所以有正性的提昇力量。

攀藤上牆

這是某個著名別墅區的建築，由於本身有西曬的問題，而且爲了增添藝術氣息，特別種植了爬藤虎的這種植物，不斷向上攀升，感覺生機盎然，但卻是陽宅上的一大忌諱，這樣的結果容易拓陰氣，惹官非、口舌，身體也容易有皮膚疾患，實在得不償失。

高壓電塔

高壓電塔是近代科學產物，最令人害怕是科學因素，即電磁場干擾，對腦部有所妨礙，愈近其干擾作用愈大，因此須保持距離以策安全，另外電塔以外形而言，五行屬火，若收其氣，對心臟血液、循環系統以及視覺系統均有不利影響，避之爲吉。

噴水池之局

此爲某營業場所，爲使氣勢更強，並使來店者有心曠神怡之感受，特別於前面建造大型噴水池，配合建築樣式與雕塑，可謂美侖美奐，惟其噴水池位置是否合於零正，則產生成敗決定性之作用，切莫輕忽而影響財運，甚或造成流年破財剋應才好。

地基過高、納氣不易

房子若是地基比較高，將來蓋好了以後，一樓與道路之間便形成了相當大的落差，必須藉由斜坡或樓梯才可以到達，這樣的房子氣勢雖然比較強，但是卻有「納氣不易」的缺點，一般而言，用在商店較不適宜，若是公家機關，就比較沒有影響，這是因爲用途的不一樣，造成不同的看法的例子。

神前廟後

居家附近若是有廟宇，一般最大的缺點是怕屋簷或是簷角的沖射，另外廟宇多半是紅色系列，加上香火屬於火旺之地，在建築物多是木造的古代，最怕火災的剋應，紫白訣：「廟宇刷紅在一白煞方，尚主瘟火，樓台聳焰，當七赤旺地，豈免火災」。另外，陰廟也比有果位的神明要差，因爲境界不同的關係，因此，一般人常講的「神前廟後」應該列入選宅的參考因素較爲妥適。

靠山過高之局

見本圖，前排為五樓透天房屋，其後方為二十餘層之大，以位置而言，此大樓係為透天房屋之「靠山」，以形勢來講，此靠山有過高之缺失，應驗於上司長輩要求過多，求好心切，本身則壓力大，因此靠山並非愈高愈好，過與不及均有缺失，中庸之道最佳。

房屋造型助文昌

本圖的別墅，其造型十分講究，乃高級住宅區之建築，其中兩棟特別設計圓柱形是爲「文筆」若以其氣，且符合玄型飛星四綠木文昌星所到臨之方位，對讀書，考試有莫大助益，較之家中文昌佈局要強因此，筆者爲福主空地規劃建屋時，若條件而宜，則規劃出更有文昌造型之建築物，以助旺主家。

舊屋有煞，留之不得

鄉村地區，最常見新建之樓房造成三合院之阻氣壓迫煞、壁角煞，其實不僅如此，舊房屋亦容易造成新屋之壁角煞，壓迫煞因新建樓房較舊房屋爲高，並不多見，因此，當新樓房完成時，若舊房子構成形煞，宜予以拆除，以免受其形煞傷害而不自知。

衛茯過高之局

本照片可見中間之房屋高度最低，其左龍與右虎特別高聳，使得本身氣勢不足，剋應於事，則易受朋友拖累，倒帳，或屬下不易遵守命令，造成事必躬親，異常辛苦。

火形屋

尖形房屋，五行屬火，另稱「尖射煞」以屋形而言，木爲瘦長形，火爲尖形，土爲方形，金爲圓形，水爲波浪形，各有其特色，其中尤以火形幾乎無益處可言，最怕位於已屋正南方，其對心臟、血液、循環系統及視覺神經傷害最大，建議屋主搭建時以圓形爲之，不僅空間較大，對他人亦有助益，利人利已，功德無量。

玄關阻氣之局

許多人喜歡在大門入口的地方放個屏風或櫃子，甚至直接做裝潢，讓房子形成一個「玄關」，主要的目的是不希望門打開便看到客廳，其實這樣的觀念有待修正，因爲客廳是房子聚氣最重要的地方，擋住大門使人氣不容易進來，反而是阻氣，對宅能量有下降的影響。

水族箱擺設必須小心

「山管人丁，水管財」、「水可催財」，這樣的觀念已經漸漸深入人心，甚至水族業者為了促銷，也引用風水理論來鼓勵客戶購買水族箱，以增加業績，其實這樣的觀念是對的，只不過「水管財」是指可以由水位看出這個房屋的財氣如何，因此，若水位擺錯，同樣可以了解主家的財運不好，甚至可以據此論斷哪一個流年破財，所以水族箱放置的位置最好能請高明的地理師相宅，並且繪製正確比例的八方卦氣平面圖來，點出最佳的財位擺放，才眞的有旺財的功用。

牛角的探討

這是一個非常特殊的擺設，放置了三副牛角，老闆說可以避邪，主要的原因在於牛角是牛身上的武器，有特殊的靈氣，放在家裏可以趨吉避凶。

値得探討的是牛角有沒有動物靈依附？這個武器所帶的是鬥爭之氣，會不會因爲物類相感的作用而改變個性？方位上若是放在「地雷復」或「雷地豫」的鬥牛煞，是不是剛好引動凶性？所以不明究理只聽傳聞便相信的狀況是有相當風險的。

寶劍的擺設

寶劍是陽宅佈局的用品之一，針對武術界、軍人，都可以催發武貴，本圖的寶劍放置在床頭並不是很適合，主要的原因在於睡床屬於靜態，而寶劍卻是動態的物品，違反了動靜分轄的原則，即使卦氣合於五行也有缺失，所以陽宅佈局也必須形巒合參，才能給福主最大的利益。

貨櫃屋擺放要小心

貨櫃由於稍微改裝開個門，裝個窗戶便和房子沒什麼兩樣，所以廣泛用在工地、接待中心、檳榔攤，甚至庭園KTV，部分房子旁邊有空地的人也會放個貨櫃做食庫。

放置貨櫃要小心，避免造成房子的形煞是最要緊的事，剋應於陽宅的流年而產生凶災是得不償失的事情。

洩水局與路沖

房子面對斜坡式的地下車道入口，在陽宅上是有缺點的，主要的原因是因為這樣形成所謂的「洩水局」，造成房子本身蓄氣不易，而車輛的進出也有若干光線照射與噪音的問題，將影響居住品質。

另外，箭頭所指的單位由於正對著，地下車道，往往被認為有「路沖」的缺失，其實嚴格來講是不算的，但明堂較小確是美中不足之處，必須詳細分辨細節，才不會判斷錯誤。

中空洩氣局

本圖是台中某個著名社區的商場二樓店面其中的一處規劃，爲了兼顧到一樓的採光，特別在二樓的走廊保留中空的規劃，再用不銹鋼欄杆配合玻璃圍起來，造成兩間店面的前明堂變小，而且有洩氣的缺點，其實中空的部分用透光的PC板舖起來，不但可以兼顧採光，還可以防雨，同時避免欄杆的玻璃所潛伏的危險，建商若是多花點腦筋的話，居住者福利多多。

袋地工廠的陽宅

研究土地法與民法的學者，有所謂「袋地」或「裏地」，一般經過都市計劃或是道路開闢後，會有一些特殊的土地沒有直接面臨道路，而必須藉由私設巷道進出，往往形成這樣的局勢，這樣的房子大多做爲工廠使用較多，有一點必須非常注意的，那就是當前方面臨道路的土地興建完成以後，往往造成工廠或倉庫的壁角煞，一般遇到這種情形一定要採取趨吉避凶的措施，才不會造身體正面的傷害或其他剋應，後悔莫及。

以門裝潢、避免洩氣

房間門若面對向下樓梯，為洩氣之局，可於樓梯上方之起點以門為裝潢，減少房間能量外洩，此為動風水於無形之妙招，懂陽宅之室內設計師可運用之，保證增加客戶信賴，可創造佳績。

房間門的探討

這是房間由向外所取得的鏡頭，以透天房子來講，這樣的規劃並不多見，因為一般的房間不外「門對門」、「門對向上樓梯」、「門對向下樓梯」、「門對牆壁」，而本圖是面對樓梯的欄杆的空隙並沒有蓄氣的作用，所以若是這個房間要住的話，最好將樓梯裝潢起來，避免房間洩氣。

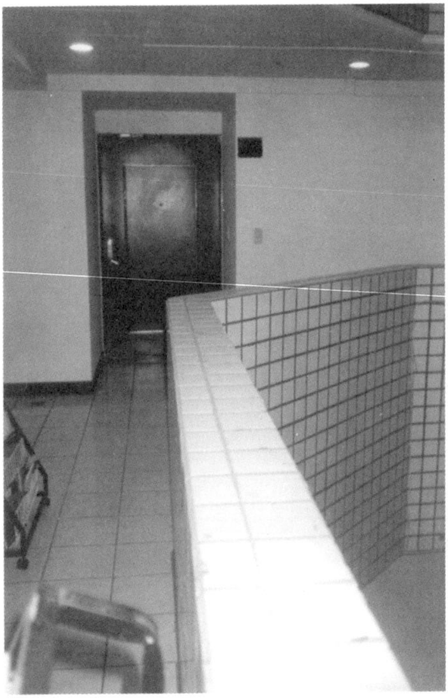

形煞攻門之局

本圖是集合式的辦公大樓，右邊是採光天井，左邊是聯絡各單位的走道，主要的問題點在於欄杆形成飛刃，傷到圖示的單位，剋應於是非與身體健康，若是入口大門的位置可以更改，或是這個門不是納氣所在的話，問題就會小很多。

明堂寬廣之局

在房屋外面的平地是爲「外明堂」，包括「騎樓」、「庭院」、「道路」、「道路外側」都是，優良的明堂必須寬廣，蓄氣能力要好，像本圖的草地便是相當好的明堂所在，只不過在都市裏寸土寸金，所以這類的規劃相當少見，不過即使有這麼好的局勢，若是建築師沒有把房子規劃好，也是枉然。

路沖

本圖是封閉式社區的別墅，由於一般人對路沖的觀念根深蒂固，因此造成路沖房屋接手的意願不高，其實路沖並非不能住，而是條件較爲嚴格罷了，若條件符合，且了解佈局的方法，則路沖房屋興旺可期，本圖由於前面有鐵門阻隔，一般爲了好銷售，便說沒有路沖的問題，明眼人一看就知道了，所以不動產業者遇到地理師多半不願意開口，是有緣故的。

廣告招牌要小心

這是某個著名街道的營業場所，這個地區相當有藝術氣息，開設了許多咖啡廳、餐飲店與藝品店，本圖是其中的一間餐飲店，爲了營造與衆不同的感覺，店主做了許多別緻的規劃，也使用了不少的特殊用品，比較可惜的是門外的一個活動壓克力招牌放在走道的出口（可能是爲了避免「洩氣」吧？）這樣的擺設造成陽宅的大缺點：

㈠阻氣：阻擋了外明堂的能量進入房子，房子能量不高。

㈡形煞：造成「穿心煞」，將會在流年引動。

㈢自擋財路：進出不方便，降低客戶進門消費意願。

觀龍陽宅命理館®

（經濟部智慧財產局註冊號數00一0四五三九及00一一五三一四號）

負責人：龍琳居士®

㈠**姓名學：**所給的名字能量均在八十五分以上，若所取之名字與長輩重複或其他原因致無法使用者，可重新命名一次，另免費擇取吉課催旺良名。

成人改名：肆仟陸佰元，憑服務卡優待為參仟陸佰元。

嬰兒命名：肆仟陸佰元，憑服務卡優待為參仟陸佰元。

藝　　名：壹萬貳仟元，憑服務卡優待為壹萬元。

商品命名：伍仟貳佰元，憑服務卡優待為肆仟貳佰元。

公司命名：伍仟貳佰元，憑服務卡優待為肆仟貳佰元。

前五項若另加八字論命，可以享受優待。

姓名鑑定：陸佰元，憑服務卡優待為每個名字壹佰元，每張服務卡限用一次，請附服務卡及回郵信封，未使用恕不優待。

(二)陽宅服務：

(1)吉凶鑑定：讓您了解欲買欲租之陽宅吉凶，每趟陸仟元，可看兩個單位。

(2)陽宅佈局：（附貴宅實際比例佈局說明圖，提昇精準度，服務周到）

①公　寓：單層壹萬元，複層壹萬肆仟元

②透天房屋：三層以內壹萬貳仟元，四層（含）以上每層加貳仟元

③店面、辦公室、營業場所、辦公室：壹萬陸仟元

④空地規劃建屋：伍萬陸仟元

＊遠地另加車馬費參仟元，＊特殊案件面議＊面積太大面議＊海外案件另議。

(三)八字論命：貳仟元（附詳細解說之批命單，並可來電詢問）憑服務卡優待爲壹仟陸佰元。

※胎兒挑選八字：壹萬元，憑服務卡優待爲捌仟元。

(四)手相：陸佰元（需親自前來）。

(五)擇日吉課：

(1)入宅：壹仟元。

(2)嫁娶、開市：貳仟元。

(六)**卜卦問事：**壹仟元，憑服務卡優待爲陸佰元。

(七)**設計開運名片：**參仟陸佰元，憑服務卡優待爲參仟元，並附八字批命單。

(八)**開運印鑑：**壹萬陸仟元，憑服務卡優待爲壹萬貳仟元，並附八字批命單

(1)公司印：伍萬元，憑服務卡優待爲參萬陸仟元。

(2)機關印：拾萬元，憑服務卡優待爲捌萬元。

印面佈局：參仟陸佰元。

專屬印材：個人章貳仟元，公司章陸仟元

開運錦囊：伍佰元。

※八字論命加方位指示加個人專屬印材加錦囊共陸仟元

(九)**超能寶印：**貳萬貳仟元，憑服務卡優待爲壹萬捌仟元，並附八字批命單。

(十)**開運雙寶印璽：**參萬捌仟元，憑服務卡優待爲貳萬捌仟元，並附八字批命單。

(十一)**各項教學：**限心性善良，有緣之人，從基礎開始，保証有專業實力，教會爲止，有面授班及函授班兩種。

陽宅班：伍萬元。　　錄影帶加講義：貳萬伍仟元　（可抵學費）

手相班：參萬陸仟元。　擇日班：貳萬元

八字班：參萬陸仟元。　卜卦班：參萬陸仟元

姓名學：伍萬元。

八方太極定規：陸佰元，憑服務卡優待為每枚參佰元，為繪製陽宅平面圖及開運印鑑之利器。

文昌狀元峰加文昌狀元筆：捌仟元，憑服務卡優待為陸仟元

室內設計、景觀規劃：由本館不動產規劃部之專屬設計師規劃設計，筆者指導認證，依案件情形計算費用。

※費用若有調整，因無法通知，請見諒。

觀龍陽宅命理館

負責人：陳詮龍

地址：台中縣龍井鄉藝術街112號

預約專線：（〇四）二六五二〇四八〇　行動：〇九二〇四六三三六三

郵政劃撥帳號：二二一五六一〇六　戶名：陳詮龍

觀龍陽宅命理館台北分館

負責人：陳涵沄

地址：台北縣新店市永華街33巷4號5樓

預約專線：（○二）二九一六一八七二

E-mmail:fate1688cts1.seed.net.tw

網站：龍琳居士網路命理學苑

網址：http//www.highnet.net/fate/

1110 SHEPPARD AVE EAST＃407

NORTH YORK ON M2K 2W2

CANADA

讀者服務卡

親愛的讀者您好：

藉由本書與您結緣，實莫大之榮幸。

您可運用本服務卡，得到優惠之服務，只要剪下服務卡，塡妥背面資料，連同費用寄予筆者即可，若不清楚，請先來電洽詢。

地址：台中縣龍井鄉藝術街112號　龍琳居士　陳詮龍收

電話：(〇四)二六五二〇四八〇

服務事項
請選所需之服務：《每張卡限用一次》 □①命名服務　□②陽宅服務　□③八字論命 □④擇日吉課　□⑤開運名片　□⑥超能寶印 □⑦開運印鑑　□⑧開運雙寶印璽　□⑨八方太極定規 □⑩姓名鑑定《本項服務請附回郵信封》 □請通知後續出版的著作

資料欄	
姓名	
性別	
國曆或農曆	
出生年月日時	
電話	
住址	

附註
(1)嬰兒命名，請附嬰兒本身及其父母之生辰，互相催助。 (2)已婚者若欲改名，請附配偶之生辰，互相催助。

尋人啓事

別懷疑，您就是我們要找的暢銷書作家，
讓我們一起來打造新世紀的文化生活地圖。

如果您熱愛文字工作、有許好點子，我們竭誠歡迎
您加入宇河文化和知青頻道作者群的行
列中，一起用文字來完成新世紀的願景。

生活智典系列

勵志、修身、智慧與心靈生活，對於生命具啓發性、豐富心靈的智慧書。

健康百寶箱系列

簡明實用、家家必備的健康書。

SMART 系列

增進生活樂趣、提升生活品味、找尋快樂人生的實用休閒書。

EASY QUICK 系列

幫助人瞭解自我、趨吉避凶，人人易懂易學的五術命理書。

如果您有上述的各類好構想，我們歡迎您將之化為文字寄給我們，我們將以嚴謹的態度、專業的編輯作業以及完整的行銷網路為您的作品服務。

宇河文化出版有限公司
知青頻道出版有限公司

地址：台北市內湖區舊宗路二段 121 巷 28 號 4 樓
電話：(02)2795-3656(代表號)
傳真：(02)2795-4100

健康百寶箱 11

學習腳底按摩的第1本書

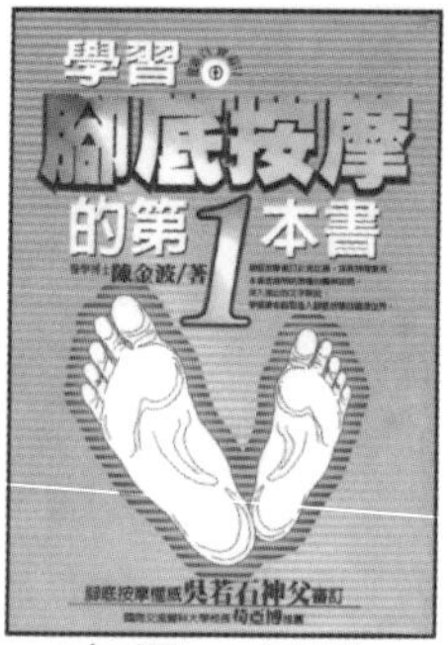

定價：250

腳底按摩免打針免吃藥，深具神奇療效。
本書透過簡明易懂的圖解說，
深入淺出的文字解說，
帶領讀者輕鬆進入腳底按摩的健康世界。

健康百寶箱 12

怎樣腳底按摩最健康

定價：300

吳若石神父／審訂
陳金波博士／著

健康百寶箱 13

新素食健康主義

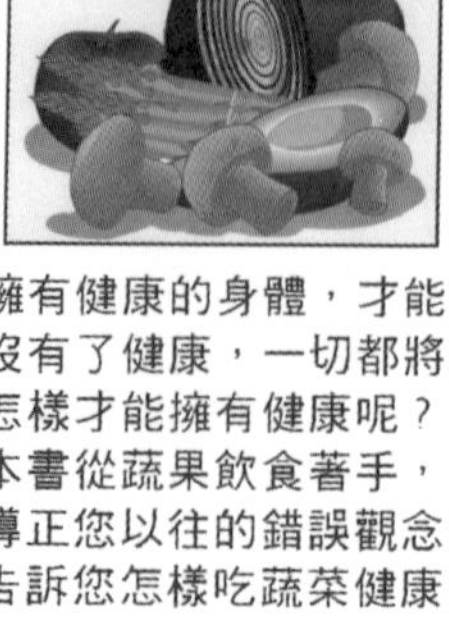

定價：250
洪心瑜／著

擁有健康的身體，才能享受人生；
沒有了健康，一切都將成為空幻。
怎樣才能擁有健康呢？
本書從蔬果飲食著手，
導正您以往的錯誤觀念，
告訴您怎樣吃蔬菜健康。

健康百寶箱 14

男人の四季保健

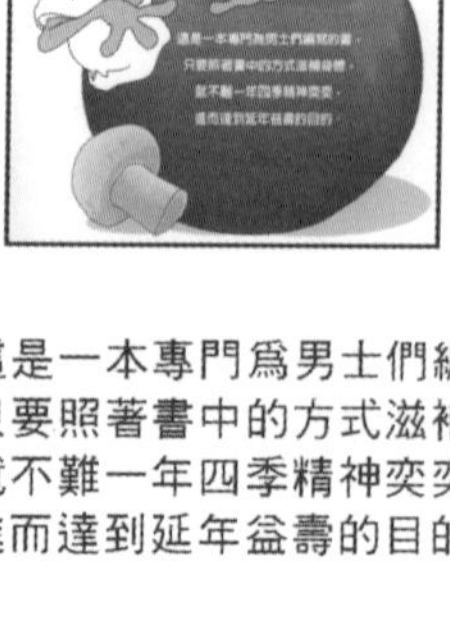

定價：250
賴秀珍／著

這是一本專門為男士們編寫的書，
只要照著書中的方式滋補身體，
就不難一年四季精神奕奕，
進而達到延年益壽的目的。

健康百寶箱 15

怎樣窈窕美麗又動人

定價：250
賴秀珍／著

想要美麗動人嗎？
想要苗條身材嗎？
不用羨慕別人的天生麗質，
只要願意，
不用花大錢上美容瘦身中心
妳也可以窈窕美麗又動人。

健康百寶箱 16

你應該知道的健康知識

定價：250
孟心欣／著

隨著生活的富裕，大家逐漸注意到健康的重要，對於保健知識的訊息相對的也注意起來。大家口耳相傳的訊息中，經常有不同的說法或謬誤，讓人不知如何取捨。本書將提供您正確的健康知識，讓您健康快樂的過每一天。

健康百寶箱 17

家庭健康＆急救手冊

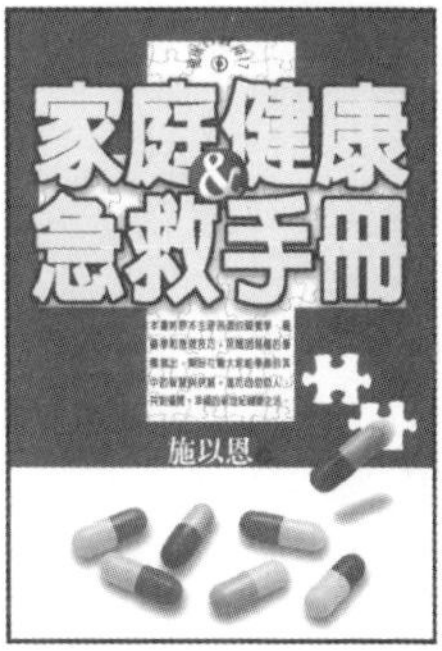

定價：250
施以恩／著

本書將原本生硬苦澀的營養學、醫藥學和急救技巧，用簡明易懂的筆觸寫出，期盼社會大眾能學習到其中的智慧與訣竅，進而自助的人，並創優質，幸福的新世界健康生活。

健康百寶箱 20

食療，美麗一身

定價：250
連汝安／著

大陸著名老中醫關幼波教授說：
本書集中國醫食療與健身薈粹之大成，
不但美容養生，而且增強活力、
駐顏長壽。

健康百寶箱 18

食物抗癌經 上

本書爲中外傑出醫藥、營養專家研究實證之結晶，
教導您如何把有抗癌效果的食品列入飲食中，
讓您從日常攝食中改善體質、增強免疫力，
進而達到防癌抗癌、
健康長壽的目的。

健康百寶箱 19

食物抗癌經 下

定價：250
王　增／著

健康百寶箱 21

健康好喝的果菜汁

定價：250
孟庭心／著

利用果菜汁補充營養、改善體質、
增強免疫力，
進而輕鬆達到美容、健康、
防治疾病的目的。

健康百寶箱 22

完全養生手冊

定價：250
魯常玉／著

本書提供最自然的養生之道（從心理到生理），達到護膚美姿、青春長壽、防癌保健的功效；您只要花一點點的時間，就可以輕輕鬆鬆的更年輕、更漂亮、更長壽。這是一本涵蓋老、中、青、少一生的完全養生手冊。

健康百寶箱 23

給生命奇蹟的H.G.H.

定價：300
李邦敏／著

☆基因工程與生物技術開啓抗老化、美容、瘦身的超級武器☆

☆本書您揭開H.G.H.對於抗老化與回復青春的秘密☆

健康百寶箱 24

家庭藥膳養生湯

定價：250
孟中平／著

九十九道集合先人智慧與心血的藥膳養生湯，製作簡易，除了美味之外，更能滿足全家人健康的追求。

健康百寶箱 25

三天美麗又年輕

定價：250
劉曉菁／著

◆什麼方法能讓膚質變好，讓別人猜不出眞正的年齡？

◆19歲得到癌症的她，如何存活至今，而且光采美麗。

◆花最少的錢就能輕鬆改善膚質的方法。

◆3天減3公斤的健康瘦身法。

◆年輕10歲及延遲老化的秘訣。

◆成功抗癌的經驗分享。

健康百寶箱 26

健康，從吃開始

定價：250
張銘吉／著

擁有健康的身體，
我們才有能力去追求理想與幸福。
怎樣吃得健康、吃得營養？
怎樣遠離疾病？
讓本書成爲你飲食上的健康顧問。

國家圖書館出版品預行編目資料

開運秘法大公開／龍琳居士著.
——第一版—— 台北市 宇河文化 出版；
紅螞蟻圖書發行，2002〔民 91〕
面　　公分，——(Easy Quick；19)
ISBN 957-659-275-5(平裝)

1.改運法
294　　　　　　　　　　91001403

Easy Quick 19
開運秘法大公開
作　　者／龍琳居士
發 行 人／賴秀珍
榮譽總監／張錦基
總 編 輯／何南輝
文字編輯／林宜潔.陳心彤
美術編輯／林美琪
出　　版／宇河文化出版有限公司
發　　行／紅螞蟻圖書有限公司
地　　址／台北市內湖區舊宗路二段 121 巷 28 號 4F
郵撥帳號／ 1604621-1　紅螞蟻圖書有限公司
電　　話／(02)2795-3656（代表號）
傳　　眞／(02)2795-4100
登 記 證／局版北市業字第 1446 號
印 刷 廠／鴻運彩色印刷有限公司
電　　話／(02)2985-8985 · 2989-5345
出版日期／ 2002 年 3 月　第一版第一刷

定價 250 元

ISBN 957-659-275-5　　　　Printed in Taiwan